하나라는 진정한 터

The Genuine Ground of Oneness

위트니스 리

한국복음서원

차례

서문 7

1. 하나님의 네 가지 큰 행사에 나타난 하나 9

2. 생명과 빛 — 하나의 본질 29

3. 바벨, 바빌론, 큰 바빌론 — 분열의 결과 47

4. 하나가 지켜지도록
하나님께서 신댁하신 유일한 장소 67

5. 하나라는 터 위에서
하나님과 함께 그리스도를 누림 87

6. 하나라는 터 위에서
바르는 기름과 적시는 이슬 아래 생명의 복을 받음(1) 119

7. 하나라는 터 위에서
바르는 기름과 적시는 이슬 아래 생명의 복을 받음(2) 139

8. 하나라는 터의 손상과 상실 159

9. 하나라는 터의 회복과 증거 177

10. 지방적인 하나와 그 회복에 대한 최종적인 계시 195

* 이 책에 인용된 성경 본문은 〈회복역 성경〉을 사용하였습니다.
* 이 책에 인용된 찬송가는 특별한 언급이 없는 경우 한국복음서원 찬송가입니다. 영어 찬송가는 리빙 스트림 미니스트리(Living Stream Ministry)에서 출간한 것입니다.

서문

이 책은 위트니스 리 형제님이 1979년 8월 15일부터 26일까지 캘리포니아주 애너하임에서 전한 메시지들로 되어 있습니다.*

* 초판의 제목인 〈참하나의 입장〉을 〈하나라는 진정한 터〉로 바꾸어 개정판을 출간하게 되었습니다. 이 책은 《위트니스 리 전집》, 1979년, 2권에 수록되어 있으며, 인용된 구약성경 내용을 〈개역 개정 성경〉에서 〈회복역 성경〉으로 바꾸어 일부 개정한 것입니다.

1

하나님의 네 가지 큰 행사에 나타난 하나

Oneness in the Four Great Acts of God

하나라는 진정한 터
The Genuine Ground of Oneness

제 1 장

하나님의 네 가지 큰 행사에 나타난 하나

성경: 창 1:26, 2:8-9, 16-17, 22, 12:1-2, 마 16:16-19, 엡 1:22-23, 3:9-11, 21, 4:4-6, 11-12, 5:25-27, 골 3:10-11, 계 21:2-3, 22:1-2

교회의 터에 대하여 말할 때마다 우리는 자신이 영적 전쟁에 참여하고 있음을 발견하게 된다. 하나님의 원수인 사탄은 교회의 터라는 이 문제를 싫어한다. 교회의 터라는 문제는 여러 세기 동안 주님의 백성들에게 가려져 있었다. 교회의 터는 교회의 중요성과 직결된다. 마태복음과 에베소서와 요한계시록에는 교회의 중요성을 계시하는 말씀이 있다. 먼저 이 책들 속에 나타난 교회의 중요성을 보기로 하자. 그런 다음 계속해서 교회의 내적인 방면과 외적인 방면을 살펴볼 것이다. 이렇게 함으로써 우리는 하나님의 네 가지 큰 행사에 나타난 하나를 분명히 이해할 준비가 될 것이다.

영원 과거에 계획됨

교회에 관한 책인 에베소서에서 우리는 교회가 하나님께서 영원 과거에 계획하신 것임을 본다. 하나님은 그분의 마음의 갈망에 따라 교회를 가질 계획을 시간이 시작되기 전에 세우셨다. 그러므로 교회는 하나님의 영원한 목적과 하나님의 영원한 계획에 따른 것이다. 비록 교회가 시간 안에서 존재하게 되었지만, 교회는 영원 안에서 하나님께서 계획하신 것이다.

오늘날 교회에 진지하게 관심을 갖는 그리스도인은 그다지 많지 않다. 그들은 교회를 당연한 것으로 여기는 경향이 있으며 구원이나 거룩함, 승리, 영성 등에만 관심이 있다. 그리스도인들은 교회에 관해 말할 때 종종 논쟁하거나 비판적인 태도를 취한다. 극소수의 믿는 이들만이 교회에 적극적인 관심을 기울인다. 추구하는 많은 그리스도인들이 교회에 관심을 기울이는 것을 시간 낭비라고 생각한다. 그러나 우리는 에베소서에서, 교회가 하나님의 뜻과 하나님의 마음의 갈망과 관련되어 있음을 알 수 있다. 교회는 하나님께서 보시기에 그처럼 중대한 문제이므로 우리는 교회를 감히 가볍게 대할 수 없다.

그리스도의 충만인 몸

에베소서는 또한 교회가 "만물 안에서 만물을 충만하게 하시는 분의 충만"(1:23)이라는 것을 계시한다. 교회는 모든 것을 포함하시고 무한하시며 다함이 없으신 그리스도의 몸이요 충만이다. 교회는 얼마나 위대한 것인지! 교회는 단순한 연합회나 종교적인 조직이 아니다. 교회는 바로 그리스도의 몸이다. 우리에게 자신을 나타내는 몸이 필요한 것처럼, 무한하시고 다함이 없으신 그리스도도 우주 가운데 표현되시기 위해 자신의 충만인 몸이 필요하시다. 이것은 분명 개인적인 구원이나 영성보다 훨씬 더 중요한 것이다. 교회가 모든 것을 포함하신 그리스도의 몸이자 충만임을 본다면, 우리는 결코 교회를 의미 없는 것으로 여기지 않을 것이다.

그리스도의 죽음의 목표

에베소서 5장 25절에서 바울은 그리스도께서 '교회를 사랑하시고 교회를 위하여 자신을 주셨다'고 말한다. 이 말씀은 그리스도께서 십자가에서 죽으셨을 때 교회를 위해 자신을 주셨음을 가리킨다. 그분의 죽음의 목적은 교회를 산출하는 것이었다. 우리는 구원받을 때 그리스도께서 우리를 사랑하시어 우리를 위해 죽으셨다는 것을 깨달았다. 물론 이런 깨달음에는 잘못된 것이 없다. 그러나 우리가 또 보아야 할 것은, 우리를 교회의 일부가 되게 하시려고 그리스도께서 우리를 사랑하시어 우리를 위해 죽으셨다는 점이다. 궁극적으로 그분은 교회를 사랑하셨고 교회를 산출하기 위해 죽으셨다. 십자가에서의 죽음에서 나타난 그리스도의 사랑은 확고한 목표를 갖고 있다. 이 목표는 수많은 개별적인 믿는 이들을 얻는 것이 아니라 교회를 얻는 것이다. 그리스도는 교회를 위하여 우리를 사랑하신다.

그분은 우리가 그분의 몸인 교회의 지체들이 되게 하시려고 우리를 사랑하셨고 우리를 위해 죽으셨다.

은사 있는 사람들을 주신 목적

에베소서 4장 11절과 12절은 그리스도께서 '직접 어떤 사람들은 사도로, 어떤 사람들은 신언자로, 어떤 사람들은 복음 전파자로, 또 어떤 사람들은 목자 및 교사로 주셨는데, 이것은 성도들을 온전하게 하여 그 사역의 일을 하게 하려는 것, 곧 그리스도의 몸을 건축하게 하려는 것'이라고 말한다. 그리스도는 선교 활동이나 성경 연구나 교화를 목적으로 교회에게 그러한 은사 있는 사람들을 주지 않으셨다. 이 은사 있는 모든 사람은 몸을 건축하기 위해 성도들을 온전하게 하려는 목적으로 주어졌다. 사도들, 신언자들, 복음 전파자들, 목자 및 교사들은 모두 한 가지 목표를 위하여 주어졌다. 그것은 바로 교회의 건축을 위해 성도들을 온전하게 하는 것이다. 그러나 오늘날 그리스도인의 일이나 활동의 많은 부분에서 교회는 무시되고 있다. 그러므로 우리는 교회의 중요성에 깊은 인상을 받아야 한다. 에베소서에 의하면 하나님의 목적은 교회와 관련되어 있으며, 하나님은 교회의 건축을 위해서 은사 있는 모든 사람을 주셨다.

몸을 위하여 아들들이 됨

마태복음 16장 또한 교회의 중요성을 보여 준다. 15절에서 주님은 제자들에게 이렇게 말씀하셨다. "그러면 여러분은 나를 누구라고 합니까?" 베드로가 앞장서서 대답했다. "주님은 그리스도이시요, 살아 계신 하나님의 아들이십니다."(마 16:16) 베드로는 예수님이 그리스도, 곧 하나님의 위임을 수행하기 위해 하나님의 기름부음을 받은 분이시라는 계시를 받았다. 이 위임이 교회의 건축과 관련이 있음은 의심할 여지가 없다. 베드로는 주 예수님이 그리스도와 살아 계신 하나님의 아들, 둘 다이시라는 것을 보았다. 살아 계신 하나님의 아들로서 주님은 몸의 지체가 되는 하나님의 많은 아들들을 산출하신다. 그리스도의 몸은 타고난 사람으로는 건축될 수 없다. 이와는 반대로 그리스도의 몸은, 거듭나서 하나님의 아들이 된 사람들로만 건축될 수 있다.

주 예수님을 믿을 때 우리는 그분을 구주와 구속자로뿐 아니라 살아 계신 하나님의 아들로 받아들였다. 대부분의 그리스도인들은 자신이 구원받았을 때 그리스도를 구주와 구속자로 받아들였다는 것을 깨닫는다. 그러나 그분을 살아 계신 하나님의 아들로 받아들인 사실을 깨닫는 그리스도인은 많지 않다. 나는 그리스도를 처음 믿었을 때 이런 깨달음이 없었다. 우리의 구주이신 예수 그리스도는 살아 계신 하나님의 아들이시다. 그리스도에 대한 이 칭호가 의미하는 바는 그분이 우리를 하나님의 아들들로 만드신다는 것이다. 그리스도를 하나님의 아들로 받아들임으로 말미암아 우리 역시 하나님의 아들들이 되었다.

로마서에 의하면 그리스도를 믿음으로 말미암아 의롭게 된 사람들은 모두 그리스도의 몸의 지체들이다. 그러나 몸의 지체가 되기 위해 우리는 먼저 하나님의 아들들이 되어야 한다. 즉 우리는 먼저 '아들화'되어야 한다. 그렇기 때문에 로마서 8장은 아들의 자격을 언급한다. 반면에 몸은 12장에 나온다. 하나님의 아들들이 되어야만 우리는 그리스도의 몸의 지체가 될 수 있다.

교회의 건축을 위하여

하나님의 축복으로 베드로가 보았던 계시는, 예수님이 하나님의 위임을 수행하시기 위하여 기름부음을 받은 분이시자, 몸인 교회의 지체들인 하나님의 많은 아들들을 산출하시기 위한 하나님의 아들이시라는 것이다. 베드로가 예수님을 그리스도이시요 살아 계신 하나님의 아들이시라고 선포하자마자 주님은 더 나아가 그분의 교회의 건축에 관하여 말씀하셨다. "또 내가 그대에게 말합니다. 그대는 베드로입니다. 내가 이 반석 위에 내 교회를 건축할 것이니"(마 16:18). 이 절은 그리스도의 어떠함이 모두 교회의 건축을 위한 것임을 나타낸다. 그리스도의 죽음이 교회를 위한 것일 뿐 아니라, 그분 자신 곧 그분의 모든 자격과 칭호와 직분을 포함하는 그분의 인격까지도 교회의 건축을 위한 것이다.

두 영역

아울러 주 예수님은 베드로에게 음부의 문들이 건축된 교회를 이기지 못할 것이라고 말씀하셨다. 교회는 음부의 문들에 영향을 준다. 마태복음 16장 19절에서 주 예수님은 천국 열쇠들에 대해 말씀하신다. 음부의 문들은 사탄의 세력이 미치는 영역을 말하는 반면에, 천국은 하나님께서 다스리시는 영역을 가리킨다. 여기에 두 영역이 있다. 하나는 사탄의 세력이 미치는 지옥의 영역이고, 다른 하나는 하늘에 속한 하나님의 왕국의 영역이다. 교회는 이 두 영역과 많은 관계가 있다. 간교한 자인 사탄은 하나님의 자녀들이 교회에 관심할 때 증오심에 불탄다. 교회가 음부의 문들을 처리할 수 있다는 것을 사탄은 알고 있다. 사탄은 또한 음부의 문들이 그리스도께서 반석 위에 세우신 교회를 이기지 못한다는 것을 알고 있다. 이 반석은 그리스도 자신과, 아버지께서 베드로에게 주신 그리스도에 관한 계시 둘 다를 의미한다. 주 예수님은 음부의 문들이 그분을 통해서 구원받은 수많은 그리스도인들을 이기지 못하리라고 말씀하지 않으셨다. 개별적인 믿는 이들은 원수에게 위협이 되지 않는다. 그러나 믿는 이들이 함께 모여 교회가 될 때, 사탄은 떨고 음부의 문들은 위협을 받는다.

여기에서 주님의 말씀은 그분이 교회를 건축하실 때 음부의 문들이 교회와 맞서 일어나리라는 것을 암시한다. 그러나 음부의 문들은 그리스도께서 건축하시는 교회를 이길 수 없다. '이기다'라는 말은 전쟁을 암시한다. 교회의 건축이 이루어질 때 전쟁이 일어난다. 그러나 이 전쟁에서 음부의 문들은 교회를 이길 수 없다.

주님의 회복이 이 나라에 오기 전에는 오늘날 우리가 보는 것과 같은 영적 전쟁이 없었다. 회복 안에 있는 우리는 특별히 로마 천주교나 이름 있는 교파에 비해서 수적으로 많지 않다. 우리는 비록 소수이고 겉보기에 중요하지 않은 것 같지만 격렬한 공격과 반대를 받고 있다. 이러한 공격과 반대의 배후에는 사탄의 세력인 음부의 문들이 있다. 주님께서 이 나라에서 교회생활의 회복을 시작하시기 전에는 어둠의 세력이 쉴 수 있었다. 그러나 지금은 주님께서 합당한 교회생활을 건축하고 계시는 중이기 때문에 이 세력이 교회를 대적하여 일어나고 있다. 하지만 교회는 천국 열쇠들을 갖고 있고 이 열쇠들이 음부의 문들을 이길 것이다.

교회와 음부의 문들의 충돌은 교회의 중요성을 보여 주는 추가적인 표시이다. 어디서나 교회가 있는 곳에서는 음부의 문들이 이길 수 없다. 왜냐하면 교회가 있는 곳에서는 천국이 더 강하고 우세하기 때문이다. 교회 안에서는 왕국 열쇠들이 능력을 발휘한다.

예수님의 증거

신약성경의 마지막 책인 요한계시록에서 교회의 중요성은 각 지방에 나타난 예수님의 증거로서 더욱 강조된다. 각 지방에 있는 교회는 그리스도를 비추어 내는 등잔대이다. 합당한 지방 교회*가 없다면 예수님의 증거는 결코 실지적이지 않을 것이고 유력할 수 없을 것이다.

* '지방 교회(local church)'는 교회나 교단의 이름이 아니라, 한 도시에 하나의 교회가 있어야 한다는 성경의 원칙에 따라, 유일한 우주적인 교회의 한 표현으로서 '각 지방에 있는 교회'를 가리킴—역자 주

교회의 내적인 방면과 외적인 방면

교회의 중요성을 보았으므로 이제 교회의 내적인 방면과 외적인 방면을 보기로 하자. 하나님께서 정하신 원칙에 의하면 우주 가운데 있는 거의 모든 것에는 양면이 있는데, 곧 내용과 관련된 내적인 방면과 겉모습과 관련된 외적인 방면이다. 이 원칙은 교회에도 적용된다. 교회의 내적인 방면은 교회의 내용인 교회의 증거와 관련된다. 교회의 외적인 방면은 교회의 터 즉 교회의 나타남과 관련된다. 교회의 내용은 교회의 증거이지만 교회의 나타남은 교회의 터이다. 소위 영적인 믿는 이라고 하는 많은 사람들이 교회의 내용인 증거에만 관심을 가지고 교회의 터에는 전혀 주의하지 않는다. 그러나 한 면만을 주의하고 다른 한 면을 소홀히 하는 것은 어리석은 일이다. 우리는 교회의 내용과 교회의 터 모두를 중히 여겨야 한다.

사람으로서의 우리의 존재 자체가 우리가 양 방면을 주의해야 한다는 사실을 입증해 준다. 사람으로서 우리는 내적인 방면인 혼과 영을 소유하고 있고, 또한 외적인 방면인 몸도 갖고 있다. 우리는 영과 혼을 매우 귀하게 여기지만 또한 물질적인 몸을 돌보는 일에도 대단히 많은 주의를 기울인다. 사실 우리의 문화에서 대부분의 것들은 사람의 육체적인 생존을 위하여 고안된 것들이다. 우리는 인간 생활의 외적인 방면의 중요성을 경시하지 않는다.

교회의 터의 중요성

인간 생활의 외적인 방면의 중요성은 쉽게 볼 수 있지만 교회의 외적인 방면의 중요성은 보지 못할 수 있다. 소위 영적인 인물이라 하는 사람들 중에도 실제로는 교회의 터를 무시하는 사람들이 있다. 그들은 심지어 교회의 이런 면은 중요하지 않다거나 불필요하다고 주장할지 모른다. 그들은 교회의 이런 면을 언급하게 되면 문제가 생길 수 있다는 것을 알지도 모른다. 이에 반해 영성이나 교회의 영적인 증거를 다룰 때에는 별 문제가 없을지 모른다. 그러나 우리가 교회의 외적인 방면, 즉 교회의 터를 말할 때에는 많은 문제가 발생한다. 바로 이런 이유로, 영성을 추구하는 사람들이 교회의 터에 관한 문제를 회피하려고 하는 경우가 종종 있다. 그럼에도 불구하고 우리는 생존을 유지하기 위해 물질적인 몸을 보살피듯이, 합당한 교회생활을 실행하기 위해 교회의 터를 주의해야 한다. 교회의 터를 떠나서는 교회가 실지적으로 존재할 길이 없다. 교회의 터를 소홀히 하기 때문에 오늘날 기독교에는 교회의 실지적인 표현이 없다. 이것을 보더라도 교회의 터에 관한 문제가 지극히 중요하다는 것을 알 수 있다.

오십여 년 전 중국에서 주님은 한 무리의 젊은 그리스도인들을 일으키시어 그분의 회복 안으로 인도하셨다. 시간이 지나면서 우리는 점차적으로 교회의 터를 보게 되었다. 그러나 우리가 교회의 터의 중요성을 분명히 깨달은 것은 워치만 니 형제님이 〈정상적인 그리스도인의 교회생활〉에 수록된 메시지들을 전한 1937년 이후였다.

지금은 주님의 긍휼로 말미암아 이 문제가 우리에게 수정처럼 분명하게 되었다.

교회의 터에 관한 문제는 분열이라는 심각한 문제를 폭로한다. 우리는 교회의 터를 대할 때마다 분열의 문제에 직면할 것을 준비해야 한다. 우리 모두가 아는 바와 같이 오늘날 기독교 안에는 수백 개의 분파가 있다. 이들 분파들이 생겨난 것은 교회의 내용이나 증거를 무시해서가 아니라 교회의 터를 무시한 것과 관련이 있다.

교회의 터는 교회의 하나(oneness)이다. 우리에게 하나가 있을 때 터가 있다. 그러나 우리가 진정한 하나를 잃는다면 또한 터를 잃게 된다. 그러므로 교회의 터에 대해 말할 때 우리는 교회의 하나를 보아야 한다. 이 '하나'야말로 성경에 있는 위대한 진리이다.

창조에서 볼 수 있는 하나님께 속한 하나

성경은 하나님의 네 가지 큰 행사 곧 활동을 계시하는데, 그것은 창조, 선택, 새 창조, 새 예루살렘이다. 이 네 가지 행사 각각에서 우리는 '하나'의 문제를 보게 된다. 앞의 세 가지 행사, 즉 창조와 이스라엘 나라의 선택과 새 창조물인 교회의 형성은 이미 이루어졌다. 하나님의 새 성(城)인 새 예루살렘이 도래하는 것은 물론 장래의 일이다. 천년왕국 시대가 지나면 이 새 성은 완전히 나타날 것이다.

하나님의 창조는 유일한 것이다. 하나님은 우주를 두 개 이상 창조하지 않으셨다. 더욱이 이 유일한 우주 안에서 사람은 하나님의 창조의 초점이다. 성경은 하나님께서 단 한 사람을 창조하셨다는 것을 분명히 계시한다. 나는 젊었을 때, 하나님께서 왜 수많은 사람들을 한꺼번에 창조하지 않으셨는지 의아스러웠다. 하나님께서 창조의 일을 그렇게 수행하시는 것이 나에게는 훨씬 더 지혜롭게 보였다. 분명 하나님은 동시에 수억의 사람들을 창조하실 수 있었다. 그러나 하나님은 그렇게 하지 않으셨다. '하나'를 위하여 하나님은 아담 한 사람을 창조하셨다.

창세기 1장 26절은 이렇게 말한다. "하나님께서 말씀하셨다. '우리가 우리의 형상대로 우리의 모양에 따라 사람을 만듭시다. 그리고 그들이 … 통치하게 합시다.' " 이 절에 의하면 하나님은 먼저 "우리가 … 사람을 만듭시다."라고 말씀하셨다. 그런 다음 그분은 "그들이 … 통치하게 합시다."라고 말씀하셨다. 하나님의 형상대로 창조된 사람을 언급할 때 그분은 복수 대명사를 사용하셨다. 이것은 하나님께서 창조하신 한 사람이 단체적인 사람임을 의미한다. 하나님의 의도는 많은 사람들을 얻으시는 것이 아니라 단체적인 한 사람을 얻으시는 것이다. 이것은 '하나'를 지키기 위한 것이다.

이 원칙은 오늘날 교회에 적용된다. 한 면으로 교회에 대해 말할 때 우리는 '애너하임에 있는 교회'처럼 어느 특정 지방에 있는 교회를 말할 수 있다. 그러나 다른 한 면으로 교회의 지체들을 의미하는 '우리'라는 대명사를 사용해서 교회를 말할 수도 있다. 교회는 단체적인 한 실체이기 때문에 한 지방에 있는 모든 믿는 이를 포함한다. 그러므로 교회를 말할 때 단수로 '교회'라고 말할 수도 있고 혹은 복수로 그리스도 안에 있는 믿는 이들인 '우리'라고 말할 수도 있다. 이것은 교회가 단체적인 한 실체이고 우리가 그 교회라는 것을 의미한다. 교회가 단체적인 한 실체인 것과 동일한 원칙으로, 하나님께서 창조하신 사람도 단체적인 한 사람이었다.

선택에서 볼 수 있는 하나님께 속한 하나

그러나 사람이 거듭해서 하락함으로 말미암아 하나님께서 창조하신 단체적인 사람은 타락하였다. 하나님의 목적을 위해 창조된 사람이 한 단계 한 단계 더 낮은 데로 떨어지다가 가장 낮은 단계인 바벨에 이르러 민족들로 분열되었다. 한 사람은 하나님에게서 비롯되었지만, 많은 민족들은 그 근원이 마귀에게 있다. 민족들은 마귀적인데, 왜냐하면 그들은 하나님의 목적을 이루기 위하여 하나님에 의해 창조된 단체적인 사람이 분열된 것이기 때문이다. 이 단체적인 사람이 민족들이 되었을 때 그 사람은 더 이상 하나님의 목적을 수행할 수 없게 되었다. 이 지점에 이르자 하나님은 타락한 인류를 포기하실 수밖에 없었다. 그러므로 하나님은 그분의 영원한 목적을 위해 오셔서, 한 사람 아브라함을 불러내시어 부름받은 족속의 조상이 되게 하셨다. 즉 하나님은 타락한 인류 가운데서 한 사람을 선택하시어 부름받은 족속의 조상이 되게 하신 것이다. 하나님께서 한 사람을 창조하셨던 것처럼 그분은 오직 한 사람을 부르셨다. 우리는 하나님께서 수많은 사람들을 불러내셨어야 했다고 생각할지 모른다. 만일 우리가 아브라함을 불러낼 당시의 하나님이라면 틀림없이 많은 사람들을 불러냈을 것이다. 그러나 한 사람보다 더 많은 사람을 부르는 것은 하나님의 본성에 어긋나는 것이다. 하나님의 본성은 '하나'이다. 그러므로 창조에 있어서나 선택에 있어서 하나님은 그분의 본성에 신실하셨다. 바울은 에베소서 4장에서 교회의 '하나'에 대하여 말할 때 한 영, 한 주님, 한 하나님을 언급한다. 하나님은 유일하게 한 분이시기 때문에, 그분의 본성에 묶이셔서 한 사람을 창조하시고 또한 한 사람을 부르셨다. 그분께서 달리 행동하셨다면 그것은 그분의 본성과 모순되었을 것이다.

하나님은 성급하게 행동하지 않으신다. 그분은 전능한 하나님이시지만 어떤 일을 결코 서둘러 하지 않으신다. 하나님은 한 사람 아담을 창조하셨고 한 사람 아브라함을 선택하셨다. 그분의 본성은 '하나'이기 때문에 그분은 오직 한 사람을 창조하셨고 오직 한 사람을 부르셨다.

아브라함의 후손들이 좋은 땅에 들어가려고 할 때 하나님은 그들에게 스스로 선택한 장소에서 경배하지 말라고 명령하셨다(신 12:8). 그보다 그들은 하나님께서 선택하신 장소, 곧 하나님께서 그분의 거처로 삼도록 그분의 이름을 두기로 선택하신 곳으로 가야 했다(신 12:5). 이스라엘 백성의 수가 얼마나 많든지 그들은 일 년에 세 차례 이 유일한 장소로 가야만 했다. 천연적인 관념에 따르면 이러한 요구는 불합리한 것이다. 그럼에도 불구하고 하나님은 하나가 지켜지도록 그분의 백성에게 이것을 요구하셨다. 그러나 하나님의 백성의 '하나'는 결국 상실되었다. 먼저, 창조된 인류의 하나가 파괴되었다. 더 나아가 이스라엘 나라의 타락으로 인해, 하나님께서 선택하신 백성의 '하나' 또한 파괴되었다. 어떤 사람들은 아시리아로, 어떤 사람들은 이집트로, 그리고 더 많은 수의 사람들은 바빌론으로 끌려갔다. 하나님의 백성의 이러한 분열 때문에 하나님의 목적이 성취되지 못하게 되었다.

새 창조에서 볼 수 있는 하나님께 속한 하나

새 창조물인 교회를 산출하는 일에서도 하나님은 자신의 본성인 '하나'를 따라 행하셨다. 오순절 날에 얼마나 많은 교회가 생겼는가? 우리가 다 아는 바와 같이 오순절 날에 생겨난 교회는 단 하나였다. 주 예수님은 이 땅에서 삼십삼 년 반을 사셨다. 그분의 생애가 끝날 무렵, 우리가 생각하는 것처럼 그분을 따르는 수많은 무리가 있었던 것이 아니다. 그분은 제자들을 훈련하기 위해 학교를 설립하지 않으셨다. 사역하시는 동안 주님은 적어도 두 차례에 걸쳐서 기적을 행하셔서 많은 사람들을 먹이셨다. 그러나 분명 그분은 자신을 따르는 큰 무리를 붙잡아 두려고 어떤 일을 하지 않으셨다. 그러므로 오순절 날에는 오직 백이십 명만이 함께 모였다.

여기에서 우리는 또다시 하나님의 길이 '하나'의 길임을 볼 수 있다. 그렇기 때문에 교회생활의 시작이 되는 오순절 날에 오직 한 교회만 산출된 것이다. 이것이 의미하는 것은 교회의 시작이 하나님의 본성에 따른 유일한 '하나' 안에 있었다는 점이다. 그 후 교회생활의 확장으로 말미암아 생겨난 많은 교회들은 아담과 아브라함의 후손에 비유될 수 있다. 아담에게 수많은 후손이 있었지만 하나님의 창조에 있어서 오직 한 사람이 있었다는 것은 여전히 사실이다. 이와 마찬가지로 아브라함의 후손이 해변의 모래같이 무수히 많았지만 원래 하나님은 오직 한 사람을 부르셨다. 이제 신약에서 우리는 오순절 날에 성령에 의해 오직 한 교회가 산출되었음을 본다. 이 교회는 몸이요 또한 한 새사람이다.

아담이 하나의 단체적인 사람이었던 것처럼 새사람인 교회도 하나의 단체적인 사람이다. 그뿐만 아니라 하나님께서 창조하신 단체적인 사람이 민족들로 분열된 것처럼 하나님의 새 창조에 속한 단체적인 사람도 분열되어 교파들이 되었다. 이것은 사탄이 한 일이다. 민족들은 하나님께서 창조하신 그 한 사람을 손상했고, 교파들은 하나님의 새 창조에 속한 단체적인 사람을 손상했다. 하나님께서 창조하신 단체적인 사람이 분열되고 흩어진 것처럼, 또한 이스라엘 자손이 분열되어 흩어진 것처럼 새사람인 교회도 분열되었다. 이 분열 때문에 하나님의 목적이 이루어지지 못하게 되었지만 하나님은 패배하실 수 없다. 그분의 목적은 이루어질 것이다.

새 예루살렘에서 볼 수 있는 하나님께 속한 하나

궁극적으로 하나님의 목적은 새 성인 새 예루살렘을 통해서 이루어질 것이다. 하나님께서 보시기에 이 새 성은 이미 존재하고 있다. 이 새 성의 원칙은 사람의 창조에 있어서의 원칙과 동일하다. 사람은 하나님에 의해 창조된 후에 유일한 나무인 생명나무 앞에 두어졌다. 사람은 또한 선과 악의 지식나무의 열매를 먹지 말라는 경고를 받았다. 생명나무의 열매를 먹는 것은 하나를 지키는 것이지만, 선과 악의 지식나무의 열매를 먹는 것은 분열로 떨어지는 것이다. 왜냐하면 그것은 죽음과 어둠과 마귀와 관련된 것이기 때문이다. 그러므로 하나님의 창조에 있어서의 원칙은 한 사람을 창조하여 그를 유일한 나무 앞에 두는 것이었다. 이 원칙은 새 예루살렘에도 적용된다. 이 유일한 성 안에서 우리는 한 보좌와 한길과 한 강과 강 좌우의 한 생명나무를 본다.

에베소서 1장 10절에 따르면, 하나님의 경륜의 중심이신 그리스도는 궁극적으로 교회로 말미암아 만물을 머리이신 그분 아래 통일하실 것이다. 에베소서 1장 10절은 새 하늘과 새 땅에 있는 새 예루살렘의 시대에 성취될 것이다. 새 예루살렘성은 만물을 '하나' 안에 통일하기 위하여 하나님께 사용될 것이다. 이것은 영원토록 분열이 없이 '하나'만 있으리라는 것을 의미한다.

하나라는 터 위에

창세기 1장에 있는 시작에서부터 요한계시록 22장에 있는 완결에 이르기까지 우리는 지속적으로 신성한 하나를 본다. 하나님은 한 분이시고, 하나님께서 창조하신 사람도 한 사람이다. 이 유일한 사람은 유일한 생명나무 앞에 두어졌다. 하나님께서 창조하신 그 단체적인 사람이 민족들로 분열된 후 하나님은 한 사람 아브라함을 선택하셨다. 그 이후에 수 세기가 지나서 그분은 한 교회를 산출하셨다. 결국 하나님은 한 보좌와 한길과 한 강과 한 나무가 있는 한 영원한 성을 가지실 것이다. 그러므로 하나님께서 하신 위대한 네 가지 행사 각각에서 우리는 '하나'의 원칙을 볼 수 있다. 이 원칙을 통하여 우리는 오늘날 교회가 반드시 '하나' 안에 있어야 하고, '하나'라는 터 위에 건축되어야 한다는 것을 깨달을 수 있을 것이다. '하나'가 바로 교회의 터이다. 주님께서 이 소중한 하나에 관해 우리에게 더 많은 빛을 주시기를 바란다.

2

생명과 빛 — 하나의 본질

Life and Light—the Essence of Oneness

하나라는 진정한 터
The Genuine Ground of Oneness

제2장

생명과 빛 — 하나의 본질

성경: 창 2:8-9, 레 1:1-2상, 시 36:8-9상, 133:1-3, 사 2:3, 5, 요 17:11, 17, 21-23, 엡 4:3-6, 계 21:22-24, 22:1-2, 엡 1:10

앞 장에서 우리는, 우주 가운데 하나님의 네 가지 큰 행사는 창조, 선택, 새 창조, 새 하늘과 새 땅에 있는 새 예루살렘과 관련됨을 지적했다. 이 행사들 각각에서 우리는 '하나'라는 항목을 보게 된다. 하나님의 창조에 있어서 하나의 단체적인 사람이 있었고, 하나님께서 아브라함을 선택하시는 데 있어서도 오직 한 사람이 있었다. 나아가 한 새사람인 교회는 하나님의 새 창조물로서 유일하게 '하나'이다. 마지막으로 새로운 우주 안에 있는 새 성은 하나가 그 특징일 것이다. 실제로 그 성은 하나의 단체적인 사람일 것이다. 그러므로 '하나'는 하나님의 행사의 기본적인 요소이다.

포괄적인 '하나'

이 '하나'가 있는 이유는 하나님 자신이 한 분이시기 때문이다. '하나'는 그분의 본성이다. 우리는 하나님의 모든 행사에 있어서 하나의 근원과 하나의 요소와 하나의 본질을 본다. 하나님의 창조에 있어서 우리는 한 하나님과 한 단체적인 사람을 본다. 그분의 선택에 있어서도 한 하나님과 한 사람이 있다. 더욱이 교회 안에는 한 영과 한 새사람이 있다. 결국 새 예루살렘에는 하나의 보좌, 하나의 길, 하나의 강, 하나의 나무라는 특징을 지닌 한 성 안에 유일한 삼일 하나님이 계신다. 그러므로 우리가 말하는 '하나'는 부분적인 '하나'가 아니다. 그것은 위대하고 완전하고 포괄적인 하나, 즉 전체적인 '하나'이다. 우리 모두가 이러한 '하나'에 대한 이상에 깊은 인상을 받기를 바란다. 만일 우리가 그 전체적인 '하나'에 대한 이상을 본다면 모든 분열의 세균이 죽음을 당할 것이고, 우리는 각종 분열로부터 구출될 것이다.

이 장(章)에서 우리는 더 전진하여 '하나'의 본질을 보아야 한다. 이 위대한 '하나', 곧 전체적인 '하나'의 본질은 무엇인가? 이 '하나'의 본질은 생명과 빛이다.

생명에 의해 보존되는 '하나'

창세기 2장 8절은 "여호와 하나님께서 동쪽에 있는 에덴에 동산을 만들어 놓으시고, 지으신 사람을 그곳에 두셨다."라고 말한다. 동산은 생명의 장소이다. 하나님은 사람을 창조하신 후, 그 사람을 생명이 충만한 장소에 두셨다. 이 에덴동산 중앙에는 생명나무라 불리는 나무가 있었다. 동산이 생명의 장소였을 뿐 아니라 이 장소의 중앙에는 생명나무가 있었다. 창조주께서 사람을 그런 환경 가운데 두셨다는 사실은 하나님이 자신을 생명의 근원으로서 또한 생명의 공급으로서 사람에게 제시하셨음을 가리킨다.

그러나 사람은 생명나무의 열매를 먹지 않았다. 오히려 지식나무의 열매를 먹었고, 그 결과 사람은 민족들로 분열되었다. 하나님의 목적을 위하여 하나님에 의해 창조된 사람은 바벨에서 민족들로 분열되었다. 이것은 사람이 사탄에게 유혹받아 지식나무의 열매를 먹은 결과였다. 바벨은 지식나무의 열매를 먹은 결과요 산물이었다. 이것은 우리가 생명에 속하지 않은 것은 그 어떤 것도 조심해야 함을 의미한다. 왜냐하면 생명에 속하지 않은 것은 무엇이든지 분열 즉 바벨로 끝나기 때문이다.

우리가 앞으로 보겠지만 바벨에서 바빌론으로, 바빌론에서 큰 바빌론으로 하락하는 과정이 있다. 구약의 처음 부분에 바벨이 있고 마지막 부분에 바빌론이 있다. 더 나아가 신약의 마지막 부분에는 큰 바빌론이 있다. 바벨과 바빌론과 큰 바빌론은 모두 지식나무라는 근원에서 온다. 이것은 지식나무의 열매를 먹은 결과가 분열임을 의미한다.

이와 반대로 생명은 '하나'의 본질이다. 하나님의 경륜 가운데 있는 '하나', 즉 성경에 계시된 전체적이고 위대한 '하나'는 오직 생명에 의해 보존될 수 있다. 생명이 없으면 '하나'가 존재할 수 없다.

사람의 몸이 이 점을 설명해 준다. 몸에 많은 지체가 있지만 그 모든 지체는 하나의 생명, 곧 몸의 생명을 공유하기 때문에 모두 '하나'이다. 그러므로 우리의 물질적인 몸의 '하나'는 바로 그 생명이다. 그러나 시체가 매장될 때 그것은 생명이 없기 때문에 결국 해체된다. 생명이 물질적인 몸에서 떠날 때 그 몸의 지체들은 분리된다. 이것은 사람의 물질적인 몸의 '하나'의 본질이 그의 물질적인 '생명'이라는 사실을 설명해 준다. 생명이 없으면 '하나'가 없다.

그러므로 매우 참된 의미에서 오늘날의 기독교는 몸이 아니라 시체이다. 에스겔서 37장에 있는 마른 뼈들은 이스라엘 자손의 상황을 보여 주는 그림일 뿐 아니라, 오늘날 그리스도인들의 상황에 대한 그림으로도 사용될 수 있다. 이 부분의 말씀에서 주님은 에스겔에게 마른 뼈들이 가득한 골짜기의 이상을 보게 하셨는데, 그 마른 뼈들은 '이스라엘 온 집'(겔 37:11)을 대표한다. 이스라엘 자손은 원래 하나의 살아 있는 몸이었다. 그러나 그들은 분열되고 흩어진 후 마른 뼈들이 되었고 서로에게서 분리되었다. 생명이 뼈에서 떠났기 때문에 '하나'의 본질은 상실되었으며 뼈들은 분리되었다. 이것은 생명이 '하나'의 본질임을 소극적인 면에서 계시하는 것이다.

하나님께서 창조하신 단체적인 한 사람은 수많은 후손들을 낳도록 되어 있었다. 이 후손들이 어떻게 하나로 남을 수 있겠는가? 교육에 의해서인가, 어떤 권력에 의해서인가, 조직에 의해서인가? 하나가 유지될 수 있는 유일한 길은 생명에 의해, 생명 안에서, 생명을 갖는 것뿐이다. 아담이 생명나무의 열매를 먹었다면, 그의 후손이 무수히 많아졌을지라도 모두 하나 안에 보존되었을 것이다. 그러나 아담이 지식나무의 열매를 먹었기 때문에 분열의 본질이 아담 안에 주입되어 그의 후손은 분열되었다. 창세기 11장에 나타난 바벨의 본질이 창세기 3장에 있는 사람 안으로 넣어졌다. 이것은 분열적임과 분열이 생명 이외의 다른 것을 우리의 존재 안으로 받아들인 결과임을 가리킨다. 이 요소가 분열의 요인이고 근원이며 본질이다. 이와 반대로 하나의 본질은 생명이다. 오직 생명만이 우리를 '하나' 안에 보존할 수 있다.

하나님의 임재가
아브라함에게 생명이 됨

바벨로 인해 하나님은 창조된 족속을 포기하실 수밖에 없었고 또 다른 행사를 시작하셔야만 했다. 그것은 아브라함을 선택하신 것이다. 아브라함에 관해 기록한 창세기는 '생명'이나 '빛'이라는 단어를 사용하지 않는다. 그럼에도 불구하고 실제로 생명이나 빛은 하나님께서 아브라함을 선택하신 것과 많은 관련이 있다. 하나님의 임재가 아브라함에게 있었고, 그분의 임재는 아브라함에게 생명이었다. 아브라함이 하나님께 부름받았을 때 그는 어디로 가야 할지를 몰랐다. 아브라함은 지도를 갖고 있지 않았고 자세한 지침도 얻지 못했다. 하나님의 임재가 아브라함에게 지도와 안내와 공급이 되었다. 하나님의 임재가 아브라함에게 생명과 모든 것이 되었다. 하나님의 임재가 없었다면 아브라함에게는 아무것도 없었을 것이다. 아브라함은 분명 하나님의 임재를 누린 사람이었다.

창세기의 기록에 의하면 하나님은 아브라함에게 여러 차례 나타나셨다. 하나님께서 아브라함에게 나타나셨을 때 당연히 그에게 말씀하셨다. 그러나 하나님의 말씀하심은 아브라함에게 하나님의 나타나심만큼 중요하지는 않았다. 사도행전 7장 2절은 영광의 하나님께서 나타나심에 의해 아브라함이 부름받았음을 보여 준다.

하나님의 말씀하심과 하나라는 터

아브라함의 후손 곧 이스라엘 자손이 이집트에서 나와 광야로 이끌렸을 때 그들은 성막을 지었다. 하나님은 이 성막에 거처를 정하셨고, 그 결과 성막은 회막이 되었다. 레위기와 민수기는 하나님의 말씀하심으로 충만하다. 레위기 1장 1절은 주님께서 회막에서 모세에게 말씀하셨다고 말한다. 그러므로 성막 곧 회막은 하나님의 신탁의 말씀이 전해지는 중심지, 즉 하나님께서 말씀하시는 중심지가 되었다. 레위기의 거의 전체가 주님께서 회막에서 말씀하신 것의 기록이다.

모세와 이스라엘 자손이 회막을 떠났다면 하나님의 말씀을 들을 수 없었을 것이다. 아마 이스라엘 자손 중에는 이렇게 말하는 이가 있었을지 모른다. "하나님은 어디든 계십니다. 여러분은 무슨 권리로 하나님께서 오직 회막에서만 말씀하신다고 주장합니까? 여러분은 너무 편협하고 배타적입니다. 하나님은 위대하시기 때문에 하나의 회막에 제한받지 않으십니다. 여러분은 하나님께서 오직 한 장소에서만 말씀하신다고 말할 수 없습니다. 여러분은 무한하신 하나님을 여러분의 작은 회막에 제한할 수 없습니다." 물론 하나님은 위대하시다. 그리고 하나님은 무소부재(無所不在)하시다. 그러나 구약에 의하면 하나님은 광야에서 그분의 백성이 그분을 위해 지은 성막에 거하시기를 기뻐하셨다. 하늘이 광대하지만 하나님은 거기에 머무시는 데 만족하지 않으신다. 더욱이 하나님은 자신의 백성에게 하늘에서 말씀하지 않으시고 회막에서 말씀하셨다.

여러분은 이것이 교회의 터와 무슨 관계가 있는지 의아해할지도 모른다. 하나님의 말씀하심이 교회의 터와 무슨 관계가 있는지 질문할지도 모른다. 하나님의 말씀하심은 하나라는 터와 긴밀히 연관되어 있다. 만일 우리가 합당한 터인 이 터 위에 있다면 우리는 매일 하나님의 말씀하심을 가질 것이다. 그러나 만일 우리에게 하나님의 말씀하심이 없다면 어쩌면 우리에게는 하나라는 터가 없는 것일지 모른다.

레위기에 의하면 하나님은 지성소에서 말씀하셨다. 레위기는 바로 하나님께서 이렇게 말씀하신 결과이다. 그러므로 하나님은 '하나'로부터 말씀하셨다. 이 하나가 상실될 때 하나님의 신탁의 말씀도 상실된다.

하나님의 말씀하심은 빛을 가져오고, 빛은 생명을 낳는다. 우리에게 하나님의 말씀하심이 없을 때 죽음과 어둠이 있게 된다. 죽음과 어둠은 몸을 해치고 지체들을 떨어져 나가게 한다. 오늘날 기독교에는 생명 안의 진정한 하나가 없기 때문에 죽음과 어둠이 가득하다.

말씀하시는 하나님에게서 빛을 받음

우리의 저서들에서 전해지는 빛을 우리가 어디에서 얻었는지를 그리스도인들이 질문한 적이 여러 번 있었다. 이 빛의 문제에 관하여 우리는 자만할 이유가 하나도 없다. 우리가 받은 빛은 말씀하시는 하나님에게서 온 것이다. 빛을 얻으려면 하나라는 진정한 터 위에서 하나님의 말씀하심을 받는 것이 필요하다. 오늘 하나님은 여전히 회막에서 말씀하신다. 즉 하나의 중심 안에서, 하나라는 터 위에서 말씀하고 계신다. 회막은 하나라는 터이자 하나의 근거이다. 바로 이곳에서 하나님의 말씀이 전해져 우리에게 빛을 비춘다. 하나님의 말씀하심이 없으면 우리는 어둠 가운데 있게 된다. 그러나 그분의 말씀이 올 때 우리는 빛 안에 있게 된다. 어디든지 하나님의 말씀하심이 있는 곳에는 빛이 있다.

우리 중 많은 사람들이 주님의 회복 안으로 들어오기 전에는 어둠 가운데 있었음을 간증할 수 있다. 그러나 이제 우리에게는 모든 것이 밝아지고 분명해졌다는 느낌이 있다. 이것이 빛이다. 여러분은 메시지를 들을 때 주님의 빛 비춤을 체험한다. 집회에서나 가정에서 여러분은 주님의 빛 비춤 아래 있다는 것을 깨닫는다. 이러한 빛 비춤은 하나라는 터 위에서 하나님께서 하시는 말씀으로부터 온다. 그러므로 우리가 받는 빛의 근원에 대하여 질문하는 사람에게, 우리는 우리가 하나라는 터 위에 있기 때문에 빛이 우리에게 있는 것이라고 말할 수 있을 뿐이다.

풍족함

이스라엘 자손은 하나님의 신탁의 말씀을 누렸을 뿐 아니라 하나님의 집의 살진 것으로 풍족했다(시 36:8). 하나님의 집은 성전을 의미하는데 그 성전은 회막의 연장이요 확장이었다. 시편 36편 9절에서 시편 작가는 계속해서 이렇게 말한다. "생명의 원천이 주님께 있으니 / 주님의 빛 안에서 우리는 빛을 봅니다." 이 말씀은 또한 성전과 관련이 있다. 오직 성전에서만 하나님의 백성이 생명의 원천을 누릴 수 있었다. 그뿐 아니라 바로 성전 안에서 그들은 하나님의 빛 안에서 빛을 볼 수 있었다. 이것은 하나님의 자녀들의 '하나'의 본질이 생명과 빛임을 더 분명히 가리키는 것이다.

하나를 유지하는 생명

이것은 다음과 같이 시작되는 시편 133편에 의해 확증된다. "보라, 형제들이 연합하여 거하는 것이 / 얼마나 좋고 얼마나 즐거운가!" 이 시편은 이렇게 끝을 맺는다. "거기서 여호와께서 복을 명하셨으니 / 영원한 생명이라." 이 시편 말씀이 분명히 보여 주는 바와 같이 생명의 복은 하나님의 백성의 하나와 관계있다.

시편 133편은 또한 기름부음과 헐몬의 이슬에 관해 말한다. 기름부음과 이슬은 아무 데나 있는 것이 아니었다. 기름부음과 이슬은 특정한 장소에서만 누릴 수 있었다. 만일 어떤 이스라엘 사람이 주님께서 명령하신 복에 참여하고자 한다면 그는 하나라는 장소 안에 있어야 했다. 이것은 그가 일 년에 적어도 세 차례 시온산으로 여행을 떠나야 했음을 의미한다. 가령 단 지파에서 온 어떤 사람이 이렇게 말했다고 하자. "하나님께 경배하기 위해 왜 우리 모두가 한 장소로 가야만 합니까? 이것은 너무나 좁고 분파적이고 배타적인 생각입니다. 하나님은 어디든 계십니다. 우리는 이곳 단에 머물면서 하나님을 찬미하고 누릴 수 있습니다." 단에서 온 사람들은 찬송을 누릴 수는 있었겠지만, 시온산에 가지 않는 한, 하나님께서 명령하신 복을 누릴 수는 없었다.

이 원칙은 오늘날에도 적용된다. 만일 우리가 주님께서 명령하신 생명의 복 아래 있기를 원한다면 하나라는 터 위에 있어야 한다. 이것과 의견을 달리하는 사람들이 자신들에게도 주님께서 명령하신 복이 있다고 주장할지 모르지만, 실제로 그들에게는 그런 복이 없다. 만일 그들이 자신들에게 그런 축복이 있다고 생각한다면 그것은 미신적인 것이다. 하나님은 편협하지도 배타적이지도 않으시나 명확하시다. 하나님은 그분의 원칙과 경륜에 관하여 명확하시다. 하나님은 결코 그분의 명확함에 위배되게 행하지 않으신다. 시편 133편 3절은 매우 분명하다. 여기에서 시편 작가는 '거기서' 곧 '하나' 위에서 주님께서 복(福)인 영원한 생명을 명령하셨다고 말한다. 형제들이 연합하여 거하는 '하나' 안에 기름이 흐르고, 이슬이 내리며, 거기에서 하나님의 백성은 생명을 누린다. 만일 하나를 잃는다면 우리는 기름과 이슬과 생명의 복에 대한 체험을 잃게 된다. 하나 안에 남아 있기를 원한다면 생명 안에 있어야 한다. 왜냐하면 생명이 하나를 유지하기 때문이다. 이것은 이스라엘 자손의 경우에도 그랬고 오늘 우리에게도 그렇다.

생명과 빛 안에서 보존됨

지금까지 우리는 생명이 하나님께서 원래 창조하신 단체적인 사람과도 관계있고, 아브라함과 그의 후손 곧 이스라엘 자손과도 관계있다는 것을 보았다. 이제 우리는 더 전진하여, 어떻게 해서 생명과 빛이 하나님의 새 창조물인 교회의 하나의 본질인지를 보기로 하자. 요한복음 17장에서 주님은 제자들을 가르치는 방식이 아니라 하나에 대해 기도하는 방식으로 하나의 문제를 다루셨다. 이 기도에서 하나가 오직 생명 안에서 보존되고 실재화될 수 있음이 계시된다. 11절에서 주님은 이렇게 기도하셨다. “거룩하신 아버지, 아버지께서 나에게 주신 아버지의 이름 안에 그들을 지키시어, 우리가 하나인 것같이 그들도 하나가 되도록 하여 주십시오.” 아버지의 이름 안에 지켜진다는 것은 그분의 생명에 의해 지켜지는 것이다. 왜냐하면 아버지에게서 나서 아버지의 생명이 있는 사람들만이 아버지의 이름에 참여할 수 있기 때문이다. 아들은 아버지께서 자신에게 주신 모든 사람에게 아버지의 생명을 주셨다(요 17:2). 그러므로 믿는 이들은 하나님의 생명을 그들이 하나 되는 본질로 누린다. 아버지의 생명 안에 지켜질 때 우리는 하나 안에 보존될 것이다.

요한복음 17장 17절에서 주님은 계속해서 이렇게 기도하셨다. “그들을 진리로 거룩하게 하여 주십시오. 아버지의 말씀은 진리입니다.” 거룩하게 되는 것은 세상에서 나와서 하나님께로 분별되는 것이다. 매우 참된 의미에서, 거룩하게 되는 것은 보존되는 것이다. 여기에서 주님은 믿는 이들을 아버지의 말씀인 진리로 거룩하게 하여 주시라고 아버지께 기도하셨다. 아버지의 이름이 생명의 문제인 것과 같이 아버지의 진리는 빛의 문제이다. 그러므로 생명과 빛은 바로 '하나'의 본질이다.

요한복음 17장 22절은 이렇게 말한다. "아버지께서 나에게 주신 영광을 내가 그들에게 준 것은 우리가 하나인 것같이 그들도 하나가 되도록 하려는 것입니다." 이 절은 영광을 지니신 삼일 하나님께서 믿는 이들의 하나를 지키신다는 것을 가리킨다. 우리는 가르침이나 교리에 의해 하나 안에 지켜지는 것이 아니다. 우리는 생명과 빛에 의해 하나 안에 보존된다. 삼일 하나님 자신이 생명이시고, 그분의 말씀하심과 그분의 말씀이 빛이다. 이 생명과 빛에 의해 하나가 유지된다. 그렇기 때문에 에베소서 4장은 그리스도의 몸인 교회의 하나를 삼일 하나님, 즉 그 영과 주님과 하나님 아버지와 연관시키는 것이다.

교회의 집회 가운데서 우리는 삼일 하나님의 임재를 누린다. 특히 주님의 상 집회나 기도 집회에서 그리한다. 기도 집회 가운데서 성도들이 하는 기도를 통해 나는 주님의 달콤함을 누린다. 나는 기도 집회에 올 때마다 주님의 기름부음을 누린다는 것을 간증할 수 있다. 우리 가운데 많은 사람들이 주님의 회복 안에 들어오기 전에는 그러한 누림이 없었음을 간증할 수 있다. 그러나 교회 집회에서 주님의 달콤함을 맛볼 때 우리는 생명 공급을 받고 생명의 빛 비춤을 체험한다. 오, 교회의 기도 집회 가운데서 나는 얼마나 많은 공급을 받고 빛 비춤을 얻는지! 영광을 지니신 삼일 하나님은 분명히 우리와 함께 계신다. 아버지와 아들과 영이신 영광의 삼일 하나님 안에서 우리는 하나 안에 지켜진다. 그렇기 때문에 기도 집회 후에 우리는 종종 성도들에 대한 새로운 사랑을 느낀다. 우리는 또한 더 많은 건축을 체험했다는 것을 인식하게 된다.

생명과 빛과 하나의 순환

하나님의 자녀들 가운데의 하나가 생명과 빛에 의해 보존된다는 것을 깨닫는 것은 매우 중요하다. 그 하나는 교리나 조직이나 수단을 통해 유지되지 않는다. 주님의 회복 안에서 우리에게 빛과 생명이 있는 것에 대해 주님께 감사드린다. 먼저 우리는 주님의 말씀하심을 통해 빛 비춤을 받는다. 그럴 때 우리는 생명의 공급을 받는다. 한편 생명은 결국 더 많은 빛을 가져온다. 실제로 우리는 빛과 생명, 생명과 빛의 순환을 누린다. 우리에게 빛이 있으면 있을수록 우리는 생명을 더욱 누리며, 우리가 생명을 누리면 누릴수록 빛을 더욱 받는다. 빛과 생명과 하나는 함께 간다. 빛이 많으면 많을수록 더 많은 생명이 있고, 생명이 많으면 많을수록 '하나'가 더 이루어진다. 그리고 '하나'가 이루어지면 이루어질수록 더 많은 빛이 있다. 이러한 빛과 생명과 '하나'의 순환이 '하나'를 보존한다.

그러나 우리는 어둠과 죽음에 있을 때마다 '하나'를 상실한다. 어둠은 죽음을 가져오고 죽음은 분리됨을 야기한다. 그러나 주님께 회개하고 자백할 때 우리는 보배로운 피로 깨끗하게 된다. 피로 깨끗하게 되는 것은 언제나 빛의 비춤과 관련되어 있다(요일 1:7). 우리는 빛 아래서 피로 깨끗하게 될 때 또다시 생명을 체험한다. 우리의 체험을 통해 간증할 수 있는 것은 요한일서 1장에 있는 생명과 빛과 피는 우리를 '하나' 안에 지켜 주는 순환으로서 작용한다는 점이다. 그러나 우리가 어둠 가운데 있을 때에는 '하나'를 잃게 되는데, 그것은 우리가 교회의 합당한 터를 상실하기 때문이다. 그 결과는 죽음과 분열이다. 우리는 또다시 '하나'의 본질이 생명과 빛임을 본다. '하나'는 생명 안에 있고, 빛과 함께 있으며, 합당한 터 위에 있다.

새 성의 '하나'

생명과 빛은 또한 새 성, 즉 새 예루살렘의 '하나'의 본질이다. 요한계시록 21장과 22장은 이 새 성에 대하여 말한다. 21장에서는 주로 빛의 문제가 나오고, 22장에서는 주로 생명의 문제가 나온다. 21장 23절은 "그 성에는 그 성을 비추어 줄 해와 달이 필요가 없습니다. 왜냐하면 하나님의 영광이 그 성을 밝게 하며, 그 성의 등이 어린양이기 때문입니다."라고 말한다. 새 예루살렘은 삼일 하나님의 영광으로 빛나기 때문에 자연의 빛이 필요하지 않을 것이다. 그 성은 하나님 자신으로 빛을 비춤으로써 밝아질 것이다. 그뿐 아니라 다음 절이 지적하듯이 '민족들이 그 성의 빛 가운데 다닐 것이다'(24절). 이 절은 이사야서 2장 5절을 상기시킨다. "야곱 집아, 와서 여호와의 빛 안에서 행하자." 빛은 '하나'를 보존하며 무질서를 제거한다. 새 예루살렘에 있는 빛은 모든 것을 조정하고, 다스리며, 인도하고, 질서 있게 한다. 그러므로 그 빛은 '하나'를 보존할 것이다.

요한계시록 22장 1절과 2절은 "또 그 천사는 나에게 수정처럼 빛나는 생명수의 강을 보여 주었습니다. 그 강은 하나님과 어린양의 보좌에서 흘러나와 그 성의 길 가운데로 흐르고 있었습니다. 강의 이쪽과 저쪽에 생명나무가 있어서"라고 말한다. 생명수의 강은 하나님과 어린양의 보좌에서 흘러나와 그 성에 공급한다. 여기에서 생명수는 하나님께서 그리스도 안에서 그 영으로서 그분 자신을 그분께서 구속하신 사람들 안으로 흘려 보내시어, 그들의 생명과 생명 공급이 되시는 것을 상징한다. 요한계시록 22장 1절에서 생명수는 하나님과 어린양의 보좌에서 흘러나와 새 예루살렘 전체에 공급하고 그 성 전체를 적시는 강이 된다. 이렇게 하여 그 성은 신성한 생명으로 충만하게 되어 하나님의 생명의 영광 가운데서 그분을 표현할 것이다.

요한계시록 22장 2절이 말하는 것처럼 생명나무는 '강의 이쪽과 저쪽'에서 자란다. 하나의 생명나무가 강의 양쪽에서 자란다는 것은 이 생명나무가 하나님의 백성이 받아들이고 누릴 수 있도록 생명수의 흐름을 따라 퍼지고 번어 나가는 일종의 덩굴나무라는 것을 의미한다. 하나님께서 구속하신 백성은 영원토록 생명나무이신 그리스도를 그들의 영원한 몫으로 누릴 것이다(계 22:14, 19). 생명나무이신 그리스도는 생명수이신 그 영의 흐름을 따라 얻을 수 있는 생명 공급이시다. 그 영께서 흐르시는 곳마다 그리스도의 생명 공급이 있다. 생명수와 생명나무에 의해 그 새 성은 영원토록 풍성히 공급받을 것이다. 이 넘치는 생명 공급으로 말미암아 새 예루살렘의 '하나'

는 영원히 유지될 것이다. 그곳에는 어떠한 분열도 없을 것이다. 빛이 그 성을 두루 비출 것이며, 생명이 그 성을 적시고 공급할 것이다. 이 생명과 빛은 분열의 가능성을 제거할 것이다. 심지어 그 성 주위의 민족들도 하나일 것이다. 그때에는 하늘들에 있는 것들이나 땅에 있는 것들이 다 그리스도 안에서 머리이신 그리스도 아래 통일될 것이다(엡 1:10). 이것이 궁극적이고 우주적이며 영원한 '하나'일 것이다. 우리가 거듭해서 지적한 바와 같이 이 '하나'는 생명 안에서 빛과 함께 보존되고 지켜질 것이다.

주님의 회복 안에 있는 모든 교회들은 반드시 생명 안에 있어야 하며 빛 비춤 아래 있어야 한다. 빛 비춤과 생명의 적심과 공급을 통하여 우리는 하나가 된다. 어떤 것을 안배하거나 조직할 필요가 없다. 우리의 '하나'의 본질은 조직이 아닌 생명과 빛이다. '하나'는 오직 생명과 빛에 의해 우세해질 수 있고 보존될 수 있다는 사실에 우리 모두가 깊은 인상을 받기 바란다.

3

바벨, 바빌론, 큰 바빌론 – 분열의 결과

Babel, Babylon, and the Great Babylon—Issues of Division

하나라는 진정한 터
The Genuine Ground of Oneness

제3장

바벨, 바빌론, 큰 바빌론 — 분열의 결과

성경: 창 2:9하, 17, 11:4, 9, 왕상 12:26-30,
15:34, 대하 36:5-20, 고전 1:11-13상,
계 17:3-5

두 노선

성경에는 두 노선이 있다. 하나는 생명의 노선이고 다른 하나는 죽음의 노선이다. 이 두 노선은 우주 가운데 존재하는 두 근원에서 나온 것이다. 이 근원들 중의 하나는 하나님이고 다른 하나는 마귀 사탄이다. 나아가서 이 두 노선은 각각 특별한 결과를 가져올 것이다. 생명의 노선은 생명나무에서 시작해서 새 예루살렘으로 마친다. 죽음의 노선은 선과 악의 지식나무에서 시작하여 큰 바빌론을 거쳐 불 못으로 마친다. '하나'는 생명의 노선에 있고, 하나님으로 시작하여 새 예루살렘이라는 결과를 가져온다. 이와 반대로 분열은 죽음의 노선에 있고, 사탄으로 시작하여 큰 바빌론이라는 결과를 가져오며

최종적으로는 불 못으로 끝난다. 성경에서 '하나'에 대한 위대한 진리를 보고자 한다면, 우리는 이 두 근원과 두 노선과 두 결과에 관하여 밝히 깨달아야 한다. 그러면 우리는 '하나'와 분열이 어디에 속하는지를 알 것이다.

많은 그리스도인들이 이 두 노선의 심각성을 알지 못하기 때문에 분열에 대해 부주의하다. 분열을 결코 사소한 것으로 여기지 말라. 분열은 극히 심각한 것이며 생명과 죽음의 문제이다. '하나' 안에 있는 것은 생명 안에 있는 것이다. 그러나 분열 안에 있는 것은 죽음 안에 있는 것이다. 앞 장에서 우리는 '하나'의 본질이 생명과 빛이라는 사실을 지적했다. 이 장에서는 전진하여 분열의 결과가 첫째는 바벨이고, 그다음은 바빌론이며, 결국은 큰 바빌론임을 볼 것이다.

더 이상 분열이 없음

하나님의 네 가지 큰 행사는 창조, 선택, 새 창조, 새 하늘과 새 땅에 있는 새 예루살렘과 관련된다. 우주 안에는 유일하고도 합당한 근원이신 하나님 이외에 또 다른 근원인 사탄이 있으며, 이 근원은 다른 요소와 결과를 갖고 있다. 새 예루살렘의 때가 이를 즈음에 이러한 또 다른 근원과 요소와 결과는 모두 불 못으로 던져질 것이다. 그러므로 새 하늘과 새 땅에서 하나님은 유일한 근원이 되실 것이며 오직 그분의 요소와 결과만이 남을 것이다. 이러한 이유로 새 우주 안에는 결코 분열이 없을 것이다. 더 이상 죽음이 없을 것이며, 더 이상 슬픔도 없고, 더 이상 눈물도 없으며, 더 이상 고통도 없고, 더 이상 어둠도 없을 것이다. 그뿐 아니라 새 하늘과 새 땅에는 더 이상 죄와 세상적인 것과 육체와 자아와 사탄도 없을 것이라고 말할 수 있다. 부정적인 것들이 전혀 없을 것이다. 이것은 더 이상 분열이 없으리라는 것을 의미한다.

분열은 모든 것을 포함한다. 분열은 사탄, 죄, 세상적인 것, 육체, 자아, 옛사람, 악한 성질과 같은 부정적인 것들을 포함한다. 분열의 본성에 관하여 빛 비춤을 받는다면 우리는 그것이 모든 부정적인 것들을 포함하고 있음을 알 것이다. 분열이 분열 그 자체로 존재할 뿐 육체나 죄나 세상적인 것과 같은 것들과 관련이 없다고 생각하지 말라. 분열은 모든 부정적인 것들과 관계있을 뿐 아니라 모든 부정적인 것들을 포함하고 있다.

분열이 모든 것을 포함하고 있는 것과 같은 원칙으로 '하나'도 모든 것을 포함한다. '하나'는 하나님과 그리스도와 그 영을 포함한다. 에베소서 4장 3절부터 6절까지는 이것을 보여 준다. 이 절들에 계시된 '하나' 안에 아버지 하나님이 계시고, 주 그리스도가 계시며, 생명을 주시는 분이신 그 영이 계신다. 이 '하나'는 우리의 거듭난 영과, 우리의 변화되고 새로워진 생각 같은 긍정적인 것들을 포함한다. 모든 긍정적인 것들이 이 합당한 '하나' 안에 포함되어 있다.

새 예루살렘은 '하나'와 '하나' 안에 포함된 모든 긍정적인 것들의 최종 완결이 될 것이다. 그러나 불 못은 분열과 분열 안에 포함된 모든 부정적인 것들을 담는 최종적인 저장소가 될 것이다. 불 못은 우주 안에 있는 모든 부정적인 것들을 담는 영원한 죽음의 바다가 될 것이라고 말할 수 있다. 불 못은 최종적이고 우주적인 쓰레기통이 될 것이다. 이와 반대로 새 예루살렘은 '하나'의 최종적인 완결과 표현이 될 것이다. 이 성의 특징은 하나의 보좌, 하나의 강, 하나의 나무, 하나의 길일 것이다. 그 길 가운데 생명수의 강이 흐를 것이며, 강의 이쪽과 저쪽에는 생명나무가 있을 것이다. 그러므로 새 예루살렘에 있는 한길을 생명의 길이라고 불러도 타당할 것이다. 이 유일한 길이 있기 때문에 분열은 불가능할 것이다. 분열 그리고 분열과 관련된 모든 부정적인 것들은 오직 불 못에서만 발견될 것이다.

바벨의 근원

분열의 첫 번째 결과는 바벨이었다. 바벨의 근원은 지식나무였다. 만일 아담이 지식나무의 열매를 먹지 않았다면 그의 후손은 바벨탑을 쌓거나 바벨성을 지을 수 없었을 것이다. 창세기 3장의 기록을 볼 때 아담은 선과 악의 지식나무의 열매를 먹었다. 그가 이 열매를 먹었을 때 지식나무는 실지적으로 그 사람 안에 들어왔고, 주관적으로 그 사람의 일부가 되었다. 창세기 4장의 기록이 이것을 보여준다. 이 장에서 우리는 미움, 살인, 일부다처제, 전쟁을 위하여 사용된 무기의 발명을 본다. 창세기 6장은 사태가 더 악화되었음을 드러낸다. 사람이 육체가 되어 버렸고(창 6:3), '사람의 사악이 세상에 가득했다'(5절). 더욱이 11절에서 말하듯이 '그 당시에 땅은 하나님 앞에 부패하였고 폭력으로 가득했다'. 하나님께서 땅을 보셨을 때 그 부패함을 보셨다. "땅이 부패되어 있었다. 왜냐하면 땅 위의 모든 육체의 삶이 부패하였기 때문이다."(창 6:12) 우리 모두가 알고 있듯이 하나님은 그 부패한 세대를 홍수로 심판하셨다. 그러나 이런 심판도 사람의 본성을 바꾸지는 못했다. 창세기 11장을 볼 때 사람은 심지어 하나님과 대항하여 싸우기까지 했다. 4절에서 그들은 "자, 우리가 성을 건축하고 … 탑을 쌓읍시다. 그리고 우리의 이름을 내서"라고 말했다. 그들은 자신들의 이름을 냄으로써 하나님께 반역했다. 이 반역의 결과는 분열과 혼돈이었다. 이것이 바벨 즉 분열의 첫 번째 결과였다. 바벨에서 있었던 반역의 결과로 인류는 분열되었다.

바벨의 의미

바벨에서의 분열은 우상숭배를 수반했다. 어떤 역사가들은 바벨탑과 바벨성을 쌓을 때 사용되었던 벽돌 위에 우상들의 이름이 새겨져 있었다고 믿는다. 여호수아기 24장 2절은 "여호와 이스라엘의 하나님께서 이렇게 말씀하십니다. '아브라함의 아버지이자 나홀의 아버지인 데라를 비롯한 너희 조상들은 오래전에 강 건너편에 거주하면서 다른 신들을 섬겼다.'"라고 말한다. 이 절에서 볼 때 아브라함이 하나님께 부름받기 전에 그는 갈대아 땅에서 다른 신들을 섬겼다. 이것은 그가 우상들을 숭배했음을 의미한다. 그러므로 바벨에서 있었던 인류의 분열은 우상숭배를 수반했다.

창세기의 이 장들을 볼 때 분열은 미움, 살인, 일부다처제, 전쟁, 부패, 반역, 우상숭배와 같은 부정적인 것들을 포함하고 있음을 알게 된다. 이렇게 모든 것을 포함한 분열의 요소의 첫 번째 결과는 분열과 혼돈이 있는 바벨이었다. 그러므로 바벨의 의미는 분열과 혼돈이다.

하나님의 백성의 '하나'

하나님께서 자신이 창조하신 족속을 포기하시는 것은 불가피한 일이었지만, 그분은 사람에 대한 자신의 영원한 목적을 포기하지 않으셨다. 오히려 하나님은 그분의 긍휼로, 아담의 족속 중 한 명인 아브라함에게 나타나셔서 그가 처해 있는 환경으로부터 그를 부르셨다. 여기에서 우리는 하나님의 선택을 본다. 우리가 지적한 바와 같이 하나님은 아브라함을 선택하시는 데 있어서 그분의 '하나'의 본성에 따라 행하셨다. 이러한 이유로 하나님은 수많은 사람들이 아닌 한 사람을 선택하신 것이다. 하나님은 아브라함에게 그의 본토와 친척을 떠나 그분이 아브라함과 그의 후손에게 주실 땅으로 가라고 명령하셨다.

결국 주님의 축복 아래 아브라함의 후손인 이스라엘 자손은 수백만 명에 달했다. 이스라엘 자손은 이집트에서 탈출한 후 하나님께서 아브라함에게 약속하신 땅인 좋은 땅으로 들어갔다. 신명기를 볼 때, 하나님은 그들에게 단체적인 경배 장소와 관련해서 그들 스스로 선택하지 말라고 명령하셨다(12장). 그보다 그들은 주님 앞에서 겸손한 태도로 그분의 선택을 받아들여야 했다. 이스라엘 자손은 단체적인 경배 장소와 유일한 장소에 대한 하나님의 선택을 받아들이는 일에 있어서 주님을 존중함으로써 하나 안에 보존되었다. 하나님의 선택에 따라 성전은 시온산 위에 지어졌으며 하나님의 백성은 일 년에 세 차례 그곳으로 여행을 떠나야만 했다. 시온산에 지어진 성전 안의 지성소는 하나님의 백성의 하나를 위한 중심지였다. 이 중심지는 곧 하나님의 신탁의 말씀이 있는 곳이었으며, 하나님의 선민의 하나를 보존했다.

이기심과 야심에 의해 야기된 분열

그러나 어느 날 이스라엘 나라는 북부의 이스라엘 왕국과 남부의 유다 왕국으로 양분되었다. 여로보암은 북부의 왕이 되었고, 르호보암은 남부의 왕이 되었다. 이렇게 나라가 분열되자 우상숭배가 들어왔다. 여로보암은 분열을 초래했을 뿐 아니라 벧엘과 단에 우상을 세웠다(왕상 12:29). 여로보암은 두 개의 금송아지를 만들고 백성에게 "여러분이 예루살렘까지 올라가는 것은 너무 번거로운 일입니다. 이스라엘이여! 여러분을 이집트 땅에서 이끌어 낸 여러분의 신들을 보십시오."(왕상 12:28)라고 말했다. 이 우상의 근원은 여로보암의 이기적인 야심이었다. 여로보암은 자신의 왕국을 잃을까봐 두려워서 또 하나의 경배의 중심지를 세웠던 것이다. 열왕기상 12장 26절과 27절은 이렇게 말한다. "여로보암이 마음속으로 말하였다. '왕국이 이제 다윗 집으로 돌아가겠구나. 만일 이 백성이 예루살렘에 있는 여호와의 집에 희생 제물을 바치러 올라가면, 그 마음이 자기들의 주군, 곧 유다 왕 르호보암에게로 돌아갈 것이다. 그러면 그들은 나를 죽이고서 유다 왕 르호보암에게로 돌아갈 것이다.'"

이런 일이 일어나는 것을 막고 자신의 왕국을 수호하기 위하여 여로보암은 경쟁하려는 의도로 경배의 또 다른 중심지에 우상들을 세웠다. 이 절은 이 우상들의 근원이 그의 야심이었음을 분명히 말해준다.

우리는 이 원칙을 오늘날 그리스도인들의 상황 가운데에 적용할 필요가 있다. 기독교 안의 분열은 이기심과 야심에 의해 초래된다. 어떤 사람들은 자기 소유의 제국을 가지려고 하는 야심 때문에 하나님께서 선택하신 곳을 무시한다. 그들의 야심은 자신의 이기적인 욕망을 만족시키는 왕국을 소유하는 것이다. 구약에서 하나님께서 선택하신 곳은 유일한 장소, 즉 예루살렘에 있는 시온산이었다. 지성소가 있는 성전, 곧 하나님의 신탁의 말씀이 전해지는 곳이 이 장소에 세워졌다. 그럼에도 불구하고 야심이 있고 이기적이며 자신의 이익만을 추구하는 여로보암은 또 다른 경배의 중심지를 세웠다. 어떤 사람들은 여로보암이 세상적인 즐거움을 위한 중심지가 아니라 하나님께 경배하기 위한 장소를 세웠다고 하면서 그의 행위를 변호할지 모른다. 그러나 그러한 경배의 중심지는 사실상 여로보암의 야심을 은폐하기 위한 것이었다. 오늘날에도 마찬가지이다. 많은 기독교 지도자들이 자신의 이기심과 야심을 위해 나름대로 경배의 중심지들을 세웠다. 그러한 중심지들은 겉으로는 하나님께 경배하기 위해 세워진 것처럼 보인다. 그러나 실제로 그 중심지들은 제국을 소유하려는 사람의 야심을 충족하기 위해 세워진 것이다. 그러므로 매우 참된 의미에서 많은 기독교 단체의 창설자들은 오늘날의 여로보암들이다. 이와 같은 현대의 여로보암들에 의해 세워진 경배의 중심지들은 실제로는 야심의 중심지들이다. 그렇기 때문에 그러한 곳들에서 '우상들'이 발견될 수 있다.

열왕기상 12장 26절부터 30절까지에 나타난 원칙에 의하면, 많은 기독교 단체에는 사람을 매혹하고 붙들기 위해 세워진 '우상들'이 있다. 이런 '우상들'은 사람들을 하나님에게서 멀어지게 한다. 시나이산에서의 아론의 본을 따라 여로보암은 두 개의 금송아지를 만들고 백성들에게 그 금송아지들이 그들을 이집트 땅에서 인도하여 낸 신이라고 말했다. 우리는 이스라엘 자손이 어떻게 그 우상들을 하나님으로 받아들일 만큼 그렇게 눈이 멀 수 있었는지 궁금해할지 모른다. 우리가 그 상황을 멀리서 바라볼 때는 그것을 분명히 알 수 있다. 그러나 우리도 그곳에 있었다면 아마 여로보암을 따라 그와 하나 되었을 것이다.

우리는 오늘날 기독교가 처한 상황을 분명히 알아야 한다. 만일 우리가 하늘에 속한 빛의 비춤 아래 있다면 그토록 많은 기독교 단체들 안에 하나님 대신 '우상들'이 세워져 있음을 깨달을 것이다. 이 '우상들'은 사람들을 그 단체들로 이끌어 들인 후에 그들을 그 단체들 안에 붙들어 놓는다.

하나님의 집에 대한 갈망

우리가 이미 지적한 바와 같이 하나님의 참된 말씀은 성전의 지성소 안에 있다. 시편 27편 4절은 하나님의 집에 대한 하나님의 백성의 깊은 갈망을 표현한다. 이 절은 "내가 여호와께 청하여 온 한 가지 / 그것을 구하리니 / 내 평생에 / 여호와의 집에 거주하며 / 여호와의 아름다움을 바라보고 / 그분의 성전에서 여쭙는 것이라네." 라고 말한다. 시편 작가는 주님을 보기 위해 하나님의 집에 머무르기를 얼마나 갈망했던가!

이와 비슷한 사모함이 시편 84편에 나타나 있다. 2절에서 시편 작가는 "제 혼이 여호와의 뜰을 사모하다가 / 참으로 지치기까지 하오니"라고 말한다. 계속하여 10절에서는 "주님의 뜰에서의 하루가 다른 곳에서의 천 날보다 나은즉 / 악인들의 천막에 거주하기보다 / 제 하나님의 집 문간에 서 있으렵니다."라고 말한다. 여기에서 볼 때 그 시편 작가는 하나님의 집에 대한 갈망이 매우 강했기 때문에 심지어 주님의 뜰 안에 있기를 몹시 원했다. 그는 하나님의 집 문간에 서 있는 것만으로도 기뻐했다.

시편 36편과 23편도 주님의 집에 대한 깊은 갈망을 나타낸다. 시편 36편 8절에서 작가는 하나님의 백성이 '주님의 집에 있는 기름진 것으로 적셔지며'라고 말한다. 그들이 주님의 기쁨의 강을 마시게 되는 곳은 주님의 집 안이다. 더욱이 그들이 생수의 원천을 누리고 하나님의 빛 안에서 빛을 보는 곳도 집 안이다(시 36:9). 23편은 이렇게 끝을 맺는다. "저는 여호와의 집에 / 평생토록 거주하렵니다."(6절) 구약의 경건한 사람들은 하나님의 임재가 있는 곳인 성전 안에 있기를 열망했다.

그런 갈망은 악을 물리친다. 주님의 집에서 하나님의 임재 안에 있기를 갈망하기만 해도 그것은 분열과 분열에 포함된 모든 부정적인 것들을 몰아낸다. 그런 갈망은 우리를 경건하고 거룩하게 하며,

결국에는 하나님의 자녀들과 하나 되게 한다.

이스라엘 자손이 시온산에 오르는 길에서 시편 133편을 불렀을 때, 그들은 도저히 다른 사람을 미워하거나 멸시할 수 없었을 것이다. 시편 133편은 '하나'에 대한 시(詩)이다. 이 '하나'는 모든 긍정적인 속성들과 미덕들을 포함한다. 하나를 지킬 때 우리는 자연적으로 이 모든 속성들과 미덕들을 누릴 수 있다. 그뿐 아니라 하나를 지킬 때 우리에게는 하나님의 임재가 있다.

악으로부터 우리를 지키는 '하나'

'하나' 안에 머묾으로써 우리는 여호와께서 명령하신 영원한 생명의 복을 누린다. 그러나 만일 이스라엘 자손 가운데에서 어떤 이들이 분열적이 되어 시온산에 있는 성전에 가기를 거부한다면, 그들은 자동적으로 그 모든 긍정적인 것들을 잃을 것이다. 그들은 하나님의 백성의 '하나'에서 자신들을 분리함으로써 자연히 교만과 미움과 비방과 헛소문과 거짓말과 같은 부정적인 것들로 가득하게 될 것이다. 아마 어떤 사람들은 하나님과 교통하는 척하면서 또 다른 경배의 중심지를 세울 것이다. 그러나 여로보암의 경우에서 분명히 본 것처럼 그러한 분열적인 행동은 우상숭배와 온갖 종류의 악한 것들이 들어올 수 있는 길을 열어 준다.

구약의 기록에 의하면 여로보암의 죄, 곧 분열의 죄는 모든 종류의 악이 들어올 수 있도록 길을 열어 주었다. 결국에는 하나님의 백성의 상황이 너무나도 부패하였기 때문에, 하나님은 바빌론 왕인

느부갓네살로 하여금 하나님의 집을 불태우고 예루살렘성을 파멸시키고 백성을 바빌론으로 사로잡아 가게 하셨다. 그러므로 바빌론에서의 포로 생활은 분열의 추가적인 결과였던 것이다. '하나'는 예루살렘으로 대변되지만, 분열은 모든 악이 가득한 바빌론으로 대변된다.

교회생활 안에 들어오기 전에 우리 가운데 많은 사람이 다소 느슨했고 자신의 선호를 따라 행했다. 그러나 우리가 간증할 수 있는 것은, 주님의 회복 안에 들어온 후 얼마 되지 않아 우리의 양심이 합당하게 작용하기 시작했다는 것이다. 우리는 조금씩 어떤 행위들을 처리하고 버리게 되었다. 그러나 교회생활을 떠난 사람들이 결국 이와 정반대되는 체험을 하는 경우를 나는 많이 알고 있다. 그들의 양심은 그 기능을 상실하기 시작했으며, 그들이 벗어 버렸던 부정적이고 세상적인 것들이 서서히 되돌아왔다. 많은 사람들이 전에 빠져 있었던 세상적인 오락으로 다시 돌아갔다. 점차 세상적인 것들과 심지어 죄악된 것들까지도 되돌아왔다. 이것은 '하나'가 우리를 악으로부터 지켜 주는 반면에, 분열은 악으로 통하는 문을 열어 준다는 점을 보여 준다.

약 삼십오 년 전, 부유한 집안 출신의 한 젊은 여자가 옌타이(煙臺) 교회의 한 집회에 왔다. 그녀의 옷차림은 매우 세상적이었는데, 머리 모양은 높은 탑 같았다. 후에 그녀는 저항하는 의미에서 일부러 머리 모양을 그렇게 꾸몄다고 했다. 계속해서 교회 집회에 오면서 그녀의 용모는 변하기 시작했다. 우리는 집회 가운데서 세상적인 것을 지적하는 말을 한마디도 하지 않았다. 우리는 그리스도와 교회를 사랑하는 것에 관해서만 말했다. 누구도 그 젊은 여자의 품행을 고치려고 한 적이 없었다. 그러나 교회를 접촉함으로써 그 여자의 양심이 작용하기 시작했던 것이다. 사람의 어떤 지시도 없었지만 그 여자는 자연스럽게 자신의 머리 모양과 옷차림을 바꾸었다.

성전에 대해 올바름

이스라엘 자손에게 성전은 '하나'의 중심지였다. 그러므로 하나님의 백성 중 누구라도 성전에 대해 잘못을 범하면 그것은 매우 심각한 문제였다. 성전에 대해 올바름으로써 '하나'를 유시했던 사람들은 하나님의 임재와 생명의 복과 그 밖의 모든 긍정적인 것들을 누렸다. 그러나 분열로 말미암아 성전에 대해 잘못을 범했던 사람들은 온갖 종류의 악이 들어올 수 있는 문을 열었다. 오늘날 그리스도인들 가운데서도 마찬가지이다. 많은 사람들이 거룩함이나 승리나 영성에 관해 말한다. 그러나 이러한 미덕들을 갖고자 한다면 우리는 합당한 '하나' 안에 있어야 한다.

다시 한번 이스라엘 자손의 체험을 생각해 보자. 거룩함이나 승리나 영성은 그들이 노력을 기울인 결과가 아니었다. 이러한 미덕들은 그들이 단지 성전과 지성소와 언약궤에 대해 올발랐기 때문에 그들의 것이 되었다. 그들이 성전에 대해 올바름으로써 '하나' 안에 머무를 때에는 거룩해지거나 승리하거나 영적이 되기 위해 노력할 필요가 없었다. 그들은 '하나' 안에 있는 축복의 일부로서 자연스럽게 이러한 미덕들을 지녔다. 많은 그리스도인들에게 승리나 거룩함이나 영성이 없는 이유는 그들이 교회에 대해 잘못되어 있으며, 지성소 안의 언약궤이신 그리스도에 대해 잘못되어 있기 때문이다. 거룩하고 영적이고 승리하려면 그리스도와 교회에 대해 올바른 사람이 되어야 한다. 달리 말해서 우리는 합당한 '하나' 안에 머물러야 한다. 우리를 모든 긍정적인 속성들과 미덕들에 이를 수 있게 해 주는 것은 바로 이 '하나'이다.

내가 중국 본토에 있었을 때 워치만 니 형제님은 공격과 반대의 표적이었다. 형제님을 공격하고 반대했던 많은 사람들이 형제님과 교회들과 장로들이 잘못됐다고 주장했다. 나는 그런 공격과 반대를 처음 들었을 때 실지 상황이 궁금해졌다. 어쩌면 워치만 니 형제님과 장로들과 교회들이 잘못된 것은 아닐까? 그러나 결국 내가 알게 된 것은 워치만 니 형제님이나 교회들이나 장로들을 반대했던 사람들 모두가 훨씬 더 잘못됐다는 점이다. 주님의 회복을 공격한 사람들은 모두 영적인 쇠퇴를 면치 못하는 것을 나는 목격했다. 교회를 반대하고 공격했던 사람들 중에서 영적으로 성장한 사람을 나는 한 번도 보지 못했다. 오히려 그들은 자신을 해쳤으며 그들의 상태는 점점 악화되었다.

영적으로 우리를 보존할 수 있는 유일한 것은 '하나'이다. 우리가 '하나' 안에 머문다면 모든 긍정적인 것들이 우리의 것이 될 것이다. 그러나 만일 우리가 분열의 길을 간다면 모든 종류의 악한 것들, 즉 미움, 질투, 멸시, 그리고 우상숭배와 간음 같은 것들까지 우리에게 닥칠 것이다. 분열을 일으키는 이들은 얼마 못 가서 '바빌론'에 포로로 잡혀가게 된다.

큰 바빌론

요한계시록 17장도 악이 분열과 관계있음을 보여 준다. 이 장은 큰 바빌론에 대한 계시를 제시한다. 5절에서 큰 바빌론은 '땅의 창녀들과 가증한 것들의 어미'라고 불린다. 4절은 비록 그 여자가 좋은 외모를 하고 있을지라도 그 여자 안에 악이 감추어져 있다는 사실을 폭로한다. "그 여자는 자주색과 진홍색 옷을 입고 금과 보석과 진주로 치장하고 손에는 금잔을 가졌는데, 그 금잔에는 가증한 것들과 자기 음행의 더러운 것들이 가득하였으며". 겉으로 보기에 큰 바빌론은 자주색과 진홍색 옷을 입고 금과 보석과 진주로 치장했다. 더욱이 그 여자는 손에 금잔을 갖고 있다. 그러나 이 잔에는 가증한 것들과 음행의 더러운 것들이 가득하다. 이것이 오늘날 기독교계의 상황이다. 기독교계는 금잔을 갖고 있을지 모르지만 그 잔의 내용물은 우상숭배와 음행과 모든 종류의 악이다. 이것은 분열의 요소이자 구성 성분이다. 분열의 궁극적인 결과는 요한계시록 17장에 계시된 큰 바빌론이다.

오늘날 기독교는 완전히 분열의 상태에 있다. 이런 분열은 우상숭배와 영적인 음행이 들어올 수 있는 길을 열어 주었다. 많은 경우 분열은 글자 그대로 우상숭배와 육체적인 음행이 들어올 수 있는 길을 열어 놓기까지 했다. 우리가 거듭 지적한 바와 같이 이것이 바로 분열의 결과이다.

분열의 심각성

우리가 주님의 회복의 길로 돌이켜 교회생활 안으로 들어왔을 때, 분열과 관련된 부정적인 것들이 자연스럽게 떨어져 나갔다. 그러나 우리가 지적한 것처럼, 합당한 '하나'를 버린 사람들은 한때 그들이 버렸던 악한 것들에 자동적으로 다시 굴복하게 되었다. 이것을 통해 우리는 분열이 매우 심각한 문제임을 깨닫게 된다. 분열보다 더 무서운 것은 없다. 분열에 대한 생각을 하는 것만으로도 그리스도인의 생활이 무너지기에 충분하다는 것을 사탄은 알고 있다. 그것은 마치 집의 골조를 갉아 먹어 치우는 흰개미와 같다. 그러므로 우리는 분열에 대한 생각마저도 물리쳐야 한다.

'하나' 안에 있을 때 우리는 생명 안에 있고, 모든 긍정적인 속성들과 미덕들을 누린다. 그뿐만 아니라 우리의 영적인 상태는 점점 향상된다. 그러나 분열적인 생각을 받아들이기만 해도 또다시 악이 들어오는 길이 열린다.

교회의 터는 생명에 관한 문제가 아니라는 생각을 결코 해서는 안 된다. 교회의 터는 우리의 생명에 대한 체험의 기초이다. 하나 안에 머무는 것은 생명 안에 머무는 것이다. 교회의 터를 떠나서 거룩함이나 영성에 관하여 말하는 것은 헛된 일이다. 그러한 것들은 '하나'와 직결되어 있다. '하나' 안에 머무는 것은 놀라운 일이지만 분열에 연루되는 것은 무서운 일이다. 오늘날 많은 그리스도인들이 단지 분열이라는 이유 때문에 주님의 축복과 은혜를 잃어버렸다. 이것은 주님의 회복 안에 있는 우리에게 경고가 되어야 한다. 기독교의 분열의 역사를 되풀이하지 말자. 주님께서 우리를 그분의 '하나' 안에 보존하시도록 우리 모두가 주님을 앙망하기를 바란다. 우리는 분열에 대한 생각조차도 끔찍하게 여겨야 한다. '하나'로 인해 주님께 찬양을 드리자! 주님께서 이 '하나' 안에 우리를 보존하시어 주님의 임재 안에 지키시기를 바란다.

4

하나가 지켜지도록 하나님께서 선택하신 유일한 장소

The Unique Place of God's Choice
for Keeping the Oneness

하나라는 진정한 터
The Genuine Ground of Oneness

제4장

하나가 지켜지도록 하나님께서 선택하신 유일한 장소

성경: 신 12:1-8, 11, 13-15, 17-18, 26-28, 14:23, 16:16

처음 세 장에서 우리는 하나와 관련된 어떤 원칙들을 살펴보았다. 이번 장부터는 여러 가지 세부적인 것들에 주의를 기울일 것이다. 이 세부적인 것들 중의 첫째는 하나가 지켜지도록 하나님께서 선택하신 유일한 장소이다. 신명기 12장, 14장, 15장, 16장에는 하나님께서 선택하신 유일한 장소가 적어도 열여섯 번 언급된다. 예를 들어, 신명기 12장 5절에서 모세는 사람들에게 "오직 여러분은 여호와 여러분의 하나님께서 … 선택하실 곳…으로"라고 말한 그곳으로 가야 한다고 명령했다. 신명기 14장 23절에 따르면 하나님의 백성은 여호와 그들의 하나님 앞에서, 곧 여호와께서 선택하신 곳에서 소산물의 십일조를 먹어야 했다. 이 유일한 장소가 거듭 언급된다는 사실은 이것이 결정적으로 중요하다는 것을 나타낸다.

신명기는 젖과 꿀이 흐르는 곳으로 묘사된 좋은 땅의 풍성을 누리는 것에 관한 책이다. 모세의 마지막 책인 이 책에 기록된 말씀은 이스라엘 자손이 좋은 땅의 경계 지역에 이르러서 그 땅에 들어가 그 땅을 막 소유하려고 할 즈음에 주어진 것이었다. 모세는 좋은 땅을 누리는 데 관심이 있었기 때문에 많은 시간을 들여 그 땅에서의 생활에 관해 그들에게 지침을 주었다. 그러므로 신명기는 사랑이 가득한 나이 든 아버지가 장래의 누림에 관해 자녀들에게 들려준 이야기이다.

이방 신을 경배하는 곳을 없애 버림

신명기 12장은 좋은 땅에서의 이스라엘 자손의 생활에 관한 하나님의 마음의 갈망을 밝혀 준다. 1절은 하나님의 백성이 그 땅에서 지켜야 할 율례와 규례를 말한다. 다음 절에서 모세는 이 율례 중 첫 번째 것을 제시한다. "여러분은 여러분이 쫓아낼 민족들이 그들의 신을 섬겨 온 곳은 높은 산이든 언덕이든 무성한 나무 아래든 그 모든 곳을 완전히 없애 버려야 합니다." 3절에서 모세는 계속해서 이렇게 말한다. "여러분은 그들의 제단들을 헐고, 그들의 기념 기둥들을 깨뜨리며, 그들의 아세라상들을 불태우고, 그들의 신상들을 찍어 버려야 합니다. 여러분은 그것들의 이름을 그곳에서 없애 버려야 합니다." 이스라엘 자손은 좋은 땅의 풍성함을 완전히 누리기 전에 이방 신을 경배하는 곳을 완전히 없애 버려야 했다. 이방 신을 숭배하는 장소는 모두 완전히 없애 버려야 했다. 이방 백성들이 우상에게 경배했던 모든 장소는 그곳이 '높은 산이든 언덕이든 무성한 나무 아래든 그 모든 곳을'(신 12:2) 없애 버려야 했다. 하나님의 백성은 그들의 제단을 헐어 버리고, 기념 기둥들을 깨뜨리며, 아세라상을 불사르고, 그 조각한 신상들을 찍어 버려야 했다. 더욱이 그들은 우상들의 이름을 그곳에서 없애 버려야 했다. 처리해야 할 주된 세 가지는 장소와 우상과 이름이었다. 이것이 계시하는 것은 좋은 땅에서는 이방 신을 경배하던 모든 경배 장소가 철저히 제거되어야 했다는 것이다.

신명기 12장 4절은 이렇게 말한다. "여러분은 여호와 여러분의 하나님을 그렇게 섬겨서는 안 됩니다." 이 말이 가리키는 것은, 이스라엘 자손은 이방인들이 그들의 신을 섬겼던 것과 같은 방법으로 주님을 섬겨서는 안 된다는 것이다.

하나님의 이름을 위한 장소

신명기 12장 5절에서 모세는 매우 중요한 말을 한다. "오직 여러분은 여호와 여러분의 하나님께서 그분의 이름을 두시려고 모든 지파 가운데에서 선택하실 곳인 그분의 처소를 찾아 그곳으로 가야 합니다." 이방인들이 경배하는 모든 장소를 없애 버린 후 하나님의 백성은 하나님께서 선택하신 장소로 가야만 했다. 하나님은 그 유일한 장소에 자기의 이름을 두고자 하셨다. 하나님의 이름은 그분 자신을 가리킨다. 그분의 이름이 특별한 장소에 있다는 것은 그분 자신이 그 장소에 거하신다는 것을 의미한다. 이것을 볼 때 하나님께서 선택하신 그 유일한 장소는 하나님이 거하시는 장소, 즉 하나님의 처소였다.

예표로서의 의의

성경에 나타난 신성한 계시의 기본 원칙에 의하면, 구약에 있는 기록은 신약에서 발견되는 항목에 대한 예표와 그림과 그림자이다. 만일 신명기 12장이 이스라엘 자손에게 주어진 율례들로만 되어 있다면 이 장은 오늘날 우리의 상황에 적용될 수 없을 것이다. 그러나 이 장에 기록된 율례들은 영적인 의미를 지니고 있다. 이 율례들의 영적인 의미를 포착한다면, 우리는 이 부분의 말씀이 이스라엘 자손뿐 아니라 오늘날의 우리를 위해서도 쓰인 것임을 인식하게 될 것이다. 사도 바울은 이스라엘 자손의 역사가 신약 시대의 믿는 이들에게 예표로서의 의의를 갖는다는 것을 깨달았다. 고린도전서 10장 6절에서 그는 "이런 일들이 우리의 본보기가 된 것은"이라고 말했다. 11절에서 그는 계속해서 이렇게 말한다. "그들에게 일어난 이러한 일들은 본보기가 되었습니다." 그렇기 때문에 바울은 로마서 15장 4절에서 "전에 기록된 것들은 모두 우리에게 교훈을 주기 위하여 기록된 것인데"라고 말할 수 있었다.

구약에 나타난 가장 중요한 예표 중의 하나는 좋은 땅이다. 좋은 땅은 그리스도에 대한 충만하고도 완전한 예표이다. 더욱이 좋은 땅의 소산물을 누리는 것은 그리스도의 측량할 수 없는 풍성(엡 3:8)

을 누리는 것을 예표한다. 여러분은 교회생활에 들어오기 전에 그리스도를 누리는 것에 대해 결코 들어 본 적이 없었을 것이다. 나의 경우는 그러했다. 나는 그리스도께서 하나님의 아들이시며 구주이시며 구속자이신 것은 알았지만, 그분이 나의 누림이 되실 수 있다는 것은 결코 들어 본 적이 없었다.

성경의 예표에 의하면, 이스라엘 자손은 먼저 그리스도의 예표인 유월절 양을 누렸다. 고린도전서 5장 7절은 유월절이 그리스도의 예표라는 것을 분명히 가리킨다. "우리의 유월절, 곧 그리스도도 이미 희생되시어". 이스라엘 자손은 이집트에서 나온 후 광야를 통과할 때 만나를 누렸다. 고린도전서 10장 3절과 4절에 의하면, 만나도 그리스도의 예표이다. 만나는 우리의 영적인 음식, 즉 우리가 매일 먹는 양식이신 그리스도를 예표한다. 만나가 그리스도의 예표라는 것을 깨달은 그리스도인들은 어느 정도 있지만, 좋은 땅이 그리스도의 예표라는 것을 본 사람은 많지 않다. 여호수아기 5장 12절은 이렇게 말한다. "그들이 그 땅의 소산을 먹은 그날 만나가 그쳤다. 더 이상 이스라엘 자손을 위한 만나가 없었고, 그들은 그해에 가나안 땅에서 난 것을 먹었다." 이 절을 볼 때 만나가 좋은 땅의 소산물로 대치되었다는 것을 분명히 알 수 있다. 유월절 어린양과 만나가 하나님의 백성의 누림이 되시는 그리스도의 예표라면, 풍요한 소산물을 내는 좋은 땅도 마찬가지로 우리의 누림이 되시는 그리스도의 예표이다. 우리 가운데 많은 사람은 주님의 회복 안에 있는 교회생활 안에 들어온 후에야 그리스도께서 우리의 누림을 위한 좋은 땅이시라는 것을 들었음을 간증할 수 있다.

오직 하나의 이름

교회생활 안에 들어오기 전에 우리 가운데 대부분은 높은 산과 언덕과 무성한 나무(신 12:2)로 예표된 장소에서 경배했었다. 그곳은 이교도들이 우상을 숭배했던 장소이다. 오늘날 천주교나 개신교의 교파 안에서 우상을 발견할 수 있다. 어떤 그리스도인들은 천주교 안에 우상숭배가 있다는 것은 인정하지만 교파 안에서는 어떤 우상도 발견할 수 없다고 주장할지 모른다. 신명기 12장 3절에서 이름을 없애 버리는 것에 관해 모세가 한 말을 기억하라. 모든 교파에는 그리스도의 이름 외에 다른 이름이 있다. 예를 들어, 루터교는 루터의 이름을 채택한다. 원칙적으로 그리스도의 이름 이외에 다른 이름을 갖는 것은 우상을 세우는 것이다. 교파에 있는 사람들은 그러한 이름은 우상이 아니라 다만 그들 단체의 이름을 명명하기 위해 사용한 수단에 불과하다고 주장할지 모른다. 그러나 그런 식으로 이름을 사용하는 것은 결혼한 여자가 자기 남편 이외에 다른 남자의 이름을 취하는 것에 비유될 수 있다. 그런 실행은 얼마나 비통한 일인가! 사실상 우상은 오늘날 기독교의 도처에서 발견되는데, 그 이유는 아주 많은 장소에 그리스도 이외의 어떤 이름이 있기 때문이다. 예배당이나 종교적인 목적을 위해 사용되는 건물들이 어떤 사람의 이름으로 건립되는 것은 흔히 있는 일이다. 원칙적으로 이것은 하나의 우상이다. 우리에게는 오직 한 이름, 곧 예수 그리스도의 이름만 있어야 한다.

신명기 12장 3절에 있는 예표에 의하면, 우리는 모든 장소와 모든 이름을 없애 버려야 한다. 나아가서 기독교가 채택한 모든 이교적인 관습이 제거되어야 한다. 교회 안에는 그러한 것들을 용납할 여지가 없다. 〈두 개의 바빌론(The Two Babylons)〉이라는 책은 천주교가 많은 이교적인 요소들을 흡수했다는 것을 입증한다. 예를 들어, 크리스마스나 부활절은 둘 다 그 기원이 이방 종교에 있다. 이방 종교의 양상은 천주교뿐 아니라 많은 교파에서도 발견된다. 영적으로 말해서 우리는 모든 장소와 우상과 이름을 없애 버려야 한다. 그렇기 때문에, 우상을 경배하기 위한 높은 산과 언덕과 무성한 나무가 있는 교파와 주님의 회복은 화목을 이룰 길이 없다. 이뿐만 아니라 우리는 우리 자신에게도 어떤 높은 산이나 언덕이나 나무가 없도록 조심해야 한다. 우리는 오직 그리스도만을 가져야 하고, 하나가 지켜지도록 하나님께서 선택하신 유일한 장소만을 가져야 한다.

하나님을 경외하기를 배움

우리가 다른 모든 장소들을 없애 버리고 하나님께서 선택하신 유일한 장소로 가야 한다는 것을 깨닫는다면, 신명기 12장에 계시된 여러 가지 항목들을 볼 수 있는 데로 전진할 것이다. 첫째로, 우리는 오직 하나님께서 선택하신 곳으로 감으로써 하나님을 경외하기를 배워야 한다. 신명기 14장 23절은 이렇게 말한다. "그대는 여호와 그대의 하나님 앞 곧 그분께서 그분의 이름을 머물게 하시려고 선택하실 곳에서 그대의 곡식과 새 포도주와 신선한 기름의 십일조와, 그리고 그대의 소 떼나 양 떼 가운데 처음 난 것을 먹어야 합니다. 그렇게 함으로써 그대는 항상 여호와 그대의 하나님 경외하는 것을 배울 수 있을 것입니다." 하나님께서 선택하신 곳에 가는 것은 하나님을 경외하는 것이다. 그러나 우리 마음대로 경배 장소를 선택하는 것은 하나님을 경외하지 않는 것이다. 오히려 그것은 우리의 욕망을 충족하려는 행위이다.

여러분은 교회생활 안에 들어오기 전에 이 교파 저 교파를 떠돌아다녔을지도 모른다. 여러분은 자신의 욕망과 취향을 충족하기 위해 이곳저곳을 방황했다. 이렇게 하는 것은 하나님을 합당하게 경외하는 것이 아니다. 우리가 하나님을 경외한다면 하나님께서 선택하신 유일한 곳으로 갈 것이다.

하나님은 우리가 경배 장소를 마음대로 선택하는 것을 허락하지 않으신다. 이 문제에 있어서 우리는 하나님을 경외해야 하며 그분께서 선택하신 곳으로 단순히 가야 한다. 만약 우리가 스스로 선택하는 권리를 행사한다면 그것은 이교도의 방식, 즉 민족들의 방식을 따르는 것이다. 신명기 12장에 의하면, 이스라엘 자손은 이교도들이 그들의 우상을 섬겼던 모든 장소를 없애 버려야만 했다. 원칙적으로 우리는 교회생활에 올 때 같은 행동을 해야 한다. 경배 장소를 선택하는 것은 전적으로 주님께 달려 있는 것이며 우리의 선호의 문제가 아니다. 만일 자신의 선호를 따라 행동한다면 그것은 자신의 욕망에 빠지는 것이다. 왜냐하면 그것은 경배 장소에 관해 자신의 욕망을 충족하는 것이기 때문이다. 이렇게 행동하는 것은 남편이 아닌 다른 남자와 관계를 맺는 여자의 행동과 같은 것이다. 이것은 음행이다. 여자는 결혼함으로써 한 남자의 제한을 받는다. 이와 같이 하나님에 대한 단체적인 경배에 관한 한, 우리도 하나님께서 선택하신 한 장소에 제한을 받아야 한다. 우리 모두는 우리의 하나님이신 주님을 경외하기를 배워야 한다. 그리스도인의 집회와 관련해서 우리는 반드시 하나님을 경외해야 하며, 오직 그분의 선택에 따른 것만을 행해야 한다. 하나님은 우리에게 다른 경배의 중심지들을 모두 없애 버리고 오직 하나님께서 선택하신 장소로 갈 것을 명령하신다.

하나님께서 보시기에 옳은 것을 행함

신명기 12장 8절은 이렇게 말한다. "우리가 오늘 여기에서는 각자 자신이 보기에 옳은 대로 모든 일을 하고 있지만, 이 모든 일을 여러분이 따라서는 안 됩니다." 우리가 보기에 옳은 대로 행하는 것은 무서운 일이다. 주님은 그렇게 행하지 말라고 우리에게 명령하신다. 그럼에도 불구하고 오늘날 그리스도인들은 자기들이 보기에 어떤 것이 옳다거나 혹은 그르다고 자주 말한다. 이런 식으로 사는 것은 각자 자신이 보기에 옳은 대로 행하는 것이다. 그러나 우리는 하나님께서 보시기에 옳은 것을 해야 한다. 신명기 12장 13절에 의하면, 이스라엘 자손은 자신들이 보기에 좋아 보이는 장소에서 번제물을 드려서는 안 되었다. "그대는 보이는 아무 곳에서나 번제물을 바치는 일이 없도록 조심하십시오." 그들은 높은 산이나 언덕이나 무성한 나무 아래에서 번제물을 드리지 못하게 되어 있었다. 그들에게는 자신이 선택한 곳에서 하나님께 경배할 권리가 없었다. 그 대신 그들은 하나님께서 보시기에 옳은 것을 해야 했다. 마찬가지로 우리가 하나님을 경외한다면 자신이 보기에 옳은 대로 행하지 않고 하나님께서 보시기에 옳고 선한 대로 행할 것이다. 우리는 이렇게 기도해야 한다. "주님, 우리에게 긍휼을 베푸셔서 우리가 자신이 보기에 옳은 대로 행하지 않게 해 주십시오. 주님, 우리가 당신께서 보시기에 옳은 대로 행하도록 도와주십시오." 우리는 어떤 일에 대한 자신의 느낌을 잊어버리기를 배워야 하며 주님의 갈망과 선택을 주의하기를 배워야 한다. 어떤 일은 우리가 보기에 옳은 것같이 보일지 모른다. 그러나 주님은 그것에 관해 어떻게 느끼시는가? 우리의 계산대로라면 어떤 장소에서 경배하는 것이 옳을지 모른다. 그러나 주님은 그 장소를 우상숭배의 중심지로 여기실 수 있다.

하나님의 은혜를 남용하지 않음

주님께서 우리에게 자신이 보기에 옳은 대로 행하지 말고 주님께서 선택하신 곳으로 가라고 명령하신 데에는 여러 가지 이유가 있다. 그 이유들 중의 첫 번째는 우리가 하나님의 은혜를 남용해서는 안 된다는 것이다. 이스라엘 자손은 좋은 땅에서 나온 소산물에서 최상의 십분의 일을 주님께 구별해 드리라는 명령을 받았다. 더욱이 그들은 양과 가축의 처음 난 것을 주님께 드려야 했다. 그들에게는 첫 새끼나 최상의 십분의 일을 그들의 소유로 삼을 권리가 없었다. 그들이 그것을 집에서 먹는 것은 금지되었다. 신명기 12장 17절과

18절은 이렇게 말한다. "그대는 그대의 곡식이나 새 포도주나 신선한 기름의 십일조, 소 떼나 양 떼 가운데 처음 난 것, 그대가 서원한 서원 제물이나 자원 제물이나 그대의 손의 거제물은 그대의 성문 안에서 먹을 수 없습니다. 그대는 오직 여호와 그대의 하나님께서 선택하실 곳에서 여호와 그대의 하나님 앞에 … 그것을 먹어야 합니다." 이 절들에 따르면, 이스라엘 사람들은 하나님께서 선택하신 곳에서 서원 제물이나 자원 제물을 드려야 했다. 분명히 하나님의 백성은 그들의 소산물과 소 떼나 양 떼 가운데 제일 좋은 것을 서원 제물이나 자원 제물로 드렸다. 여기에서의 중점은 이 모든 예물, 즉 십일조와 처음 난 것과 서원 제물이나 자원 제물은 오직 하나님께서 그분의 이름을 두시려고 선택하신 곳에서만 누릴 수 있었다는 것이다. 달리 말해서 이스라엘 자손은 좋은 땅의 풍요한 소산물 중에서 최상의 부분을 하나님께서 거하시는 장소로 갖고 가도록 명령을 받은 것이다. 이것은 그들이 하나님의 은혜를 남용하는 것이 금지되었음을 밝혀 준다. 그들에게는 자신의 취향이나 선호대로 최상의 부분을 누릴 권리가 없었다. 오히려 그들은 하나님의 규정에 따라 그것들을 누려야 했다. 그들에게는 이 예물들을 하나님께서 그분의 이름과 거처를 위해 선택하신 곳으로 가져가는 것 외에 달리 선택할 길이 없었다.

이 원칙은 오늘날의 교회생활에도 여전히 적용된다. 교회의 집회에 오지 않으면 우리는 그리스도의 최상의 부분을 누릴 수 없다. 고의로 집회에 가지 않고 집에 있을 때, 우리는 그리스도의 최상의 부분을 누릴 수 없음을 발견한다. 비록 말씀을 기도로 읽거나 교통을 함으로써 주님을 어느 정도 누릴 수는 있겠지만 첫 새끼나 십일조나 서원 제물이나 자원 제물에 의해 예표된 그리스도의 그 부분들은 누릴 수 없다. 우리가 하나님의 은혜를 남용하는 것을 막는 신성한 규정이 있다. 이 규정에 따라 우리는 그리스도의 최상의 부분을 누리기 위하여 반드시 하나님의 집인 교회에 가야 한다. 우리는 하나님께서 선택하신 곳으로 가야 하며, 자신의 선택이나 선호에 따라 행동해서는 안 된다. 하나님의 선택을 받아들일 때 우리는 굴복되고 하나님의 은혜를 남용하지 않도록 지켜진다.

주님의 가장 철저한 다루심

하나님께서 선택하신 곳으로 갈 때 우리는 주님께서 우리를 철저하게 다루시는 것을 체험한다. 우리는 그리스도 안에 있는 우리의 형제들과 하나 되지 않을 수 없다. 때때로 어떤 형제를 보고 싶지 않은 마음이 들 수 있다. 교회의 집회에 참석은 하지만 우리는 어떻게 해서든 그 형제를 피하려고 한다. 만일 어떤 형제의 얼굴을 피하려 든다면 그리스도의 최상의 부분을 누릴 수 없을 것이다. 우리는 철저히 굴복되어야 한다. 우리는 이렇게 기도해야 한다. "주님, 저에게 긍휼을 베푸셔서 제가 그 형제와 올바른 관계를 갖게 해 주십시오. 저는 그 형제와 아무 문제가 없이 그 형제와 함께 있는 것을 누리기 원합니다." 이것은 하나님께서 선택하신 곳에 올 때 우리가 하나님에 의해 철저히 다루어진다는 사실을 보여 준다.

가령 어떤 이스라엘 사람이 다른 이스라엘 사람과 문제가 있어온갖 수단을 동원하여 그 사람을 피했다고 하자. 그런데 모든 이스라엘 남자들은 일 년에 세 차례 예루살렘으로 올라가야 했다. 올라가기를 거절한 사람은 하나님의 백성의 교통에서 끊어지게 되어 있었다. 결국 이스라엘 사람들 사이의 문제는 무엇이든지 해결되지 않으면 안 되었다. 그렇게 하지 않으면 그들이 하나님께 경배하기 위하여 시온산 위에 '하나'로 모일 길이 없었을 것이다. 시온산에 올라갈 때 이스라엘 사람들은 시편 133편을 노래해야 했다. "보라, 형제들이 연합하여 거하는 것이 / 얼마나 좋고 얼마나 즐거운가!" 그러므로 하나님께서 선택하신 유일한 곳이 그분의 백성을 하나로 보존했다. 이스라엘 자손이 하나님의 선택을 따르는 한 그들은 하나 될 수밖에 없었다.

오늘날 그리스도인들의 상황은 전혀 다르다. 만약 어떤 믿는 이가 다른 믿는 이와 함께하는 것이 마음에 들지 않으면 그 사람은 다른 경배 장소로 가 버리면 된다. 대부분의 그리스도인들이 자신의 취향을 만족시키기 위하여 마음대로 어떤 장소를 선택할 수 있다고 생각한다. 그렇기 때문에 대부분의 그리스도인들 가운데 복종이 없다. 그러나 만일 우리가 하나님의 은혜를 남용하지 않고, 완전히 하나님께서 선택하신 곳에 옴으로써 복종하게 된다면 '하나'가 보존될 것이다. 우리의 기질이 어떠하든지 간에 우리는 하나님께서 선택하신 장소에 옴으로써 복종해야 한다. 그렇게 하지 않으면 우리는 하나님의 백성의 교통에서 끊어질 것이다. 이렇게 복종할 때 합당한 '하나' 안에 보존될 것이다.

주님께서
그분의 이름을 두신 장소

이제 우리는 하나님께서 선택하신 장소를 어떻게 분별하는지의 문제에 이르렀다. 첫 번째 원칙은 하나님께서 선택하신 장소는 하나님과 그리스도의 이름 외에 다른 어떤 이름도 가져서는 안 된다는 것이다. 그리스도의 이름 외에 어떤 이름을 가진 장소는 하나님께서 선택하신 장소가 아니다. 신명기 12장에서 하나님은 백성에게 모든 장소를 그 모든 이름과 함께 없애 버리라고 명령하셨다. 어떠한 이름도 남아 있어서는 안 되었다. 그러나 하나님께서 선택하신 유일한 장소는 주님께서 그분 자신의 이름을 두신 장소였다. 그러므로 우리가 가야 할 곳은 주님께서 그분의 이름을 두신 유일한 곳이다. 이러한 이유로 우리는 교회 안에서 함께 모일 때 오직 주 예수 그리스도의 이름으로 모인다. 마태복음 18장에서 주 예수님은 우리가 그분의 이름 '안으로' 함께 모이는 것에 대해 말씀하셨다. 함께 모일 때마다 우리는 그분의 이름 안으로 들어가야 한다. 우리는 감리교, 성공회, 장로교, 루터교, 혹은 침례교와 같은 교파의 이름을 사용해서는 안 된다. 그러한 모든 이름은 깨뜨려져야 한다.

하나님께서 거하시는 처소

두 번째 원칙은 하나님께서 선택하신 유일한 장소는 하나님의 거처, 즉 하나님께서 거하시는 처소여야 한다는 것이다. 에베소서

2장 22절은 오늘날 우리가 이 원칙의 의미를 이해하는 데 도움이 된다. 이 절은 하나님께서 거하시는 처소가 우리의 영이라고 말한다. 이것은 우리의 영이 하나님께서 선택하신 바로 그곳이라는 것을 의미한다. 그러므로 우리는 이름과 사람의 영에 의하여 하나님께서 선택하신 곳을 분별한다. 오늘날 하나님의 거처는 우리의 영 안에 있다.

가령 우리가 영을 소홀히 하거나 무시하고, 그 대신 생각과 감정과 의지의 영역에서 산다고 하자. 이렇게 되면 다른 사람들은 우리가 하나님께서 선택하신 곳에 살고 있다고 인정하기 어려울 것이다. 하나님께서 선택하신 곳은 영이다. 교회생활에서 우리는 의견을 표현하는 사람이 아닌 영을 사용하는 사람으로 알려져야 하고, 그것이 우리의 특징이 되어야 한다. 하나님의 처소로 가는 것은 영으로 가는 것이다.

누림의 장소

세 번째로, 하나님께서 선택하신 장소는 누림의 장소이다. 신명기 12장에서는 '먹다'라는 말이 여러 번 사용된다. 7절을 볼 때 우리는 하나님께서 선택하신 곳에서 '여호와 앞에서 먹는다'. 18절을 볼 때 좋은 땅에서 나는 소산물의 십분의 일과 소 떼나 양 떼 가운데 처음 난 것을 하나님께서 선택하신 곳에서 주님 앞에서 먹을 수 있었다. 먹는 것과 관련된 이러한 말씀들은 누림을 나타낸다. 그러므로 하나님께서 선택하신 곳은 누림의 장소이다. 만일 어떤 곳에서 주님에 대한 누림이 느껴지지 않는다면, 우리는 그곳이 하나님께서 선택하신 곳인지 의문을 제기해야 한다. 우리는 어디에서 좋은 땅의 소산물로 예표된 그리스도의 풍성을 발견하는가? 매년 명절 때가 되면 좋은 땅의 풍성은 예루살렘에 있는 시온산에서 발견된다. 이 원칙에 따르면, 오늘 우리는 그리스도의 풍성함에 대한 누림을 근거로 하나님께서 선택하신 곳을 분별할 수 있다. 하나님께서 선택하신 곳은 이러한 누림을 특징으로 지닌다.

기뻐하는 곳

마지막으로, 하나님께서 선택하신 곳은 기뻐하는 곳이다. 신명기 12장 12절과 18절은 주님 앞에서 기뻐하는 것을 말한다. 이 기쁨은 첫 열매와 첫 새끼를 먹는 것과 관련된다. 기뻐하는 것은 즐거워하는 것만이 아니다. 즐거워하는 것은 말없이도 할 수 있다. 그러나 기뻐하려면 무슨 말을 하거나 기쁜 소리를 내야 한다. 하나님의 집은 기뻐하는 곳이다. 하나님의 백성이 함께 모이는 곳은 즐거움의 장소일 뿐 아니라 기쁨의 장소여야 한다.

이 부분의 말씀에서 우리는 합당하고도 참된 교회를 네 가지로 분별할 수 있다. 참된 교회는 유일한 이름, 즉 그리스도의 이름이 있는 곳이다. 이뿐만 아니라 그곳은 사람의 영이 우세한 곳이며, 그리스도의 풍성을 누리는 곳이고, 우리가 주님 앞에서 기뻐하는 곳이다. 그리스도의 풍성이 우리의 누림이 될 때 우리는 자연히 기쁨과 즐거움으로 가득하게 될 것이다. 그러므로 교회생활 안에는 주님의 이름이 있고 영을 사용함이 있다. 우리는 또한 그리스도의 풍성을 누리며 주님 안에서 기뻐한다. 그곳이 하나님께서 선택하신 곳, 즉 하나가 지켜지도록 하나님께서 선택하신 유일한 곳이다.

5

하나라는 터 위에서 하나님과 함께 그리스도를 누림

Enjoying Christ with God on the Ground of Oneness

하나라는 진정한 터
The Genuine Ground of Oneness

제5장

하나라는 터 위에서 하나님과 함께 그리스도를 누림

성경: 신 12:5-7, 13-14, 17-18, 딤전 3:15하-16상, 히 10:25, 시 23:6, 27:4, 36:8-9, 42:4, 43:3-4, 66:13, 15, 84:1-8, 10-12, 92:10, 13-14, 133:1-3

신명기 12장은 풍성한 장이다. 2절과 3절에 의하면 이스라엘 자손은 우상숭배의 중심지와 우상과 신상과 이름을 없애 버려야만 했다. 우상들은 이교도들의 경배의 중심지에서 발견될 뿐 아니라, 천주교나 개신교나 독립적인 그리스도인 단체에서도 발견된다. 이 부분의 말씀에서 빛 비춤을 받는다면, 영적으로 말해서 우리는 모든 장소와 우상과 이름을 없애 버릴 것이다.

대체로 이교도들의 경배 장소는 높은 산이나 언덕이나 무성한 나무 아래에 위치하였다(신 12:2). 높은 산이나 언덕은 그리스도 이외의 다른 것을 높이는 것을 의미하고, 무성한 나무는 아름답고 매력적인 것을 의미한다. 오늘날 기독교 안에 있는 여러 가지 경배의 중심지들은 그리스도 이외의 다른 것을 높인다. 원칙적으로 이러한 경배의 중심지들은 산당들(high places), 곧 높은 산이나 언덕과 같은 높은 장소에 있다. 그러나 하나님의 백성은 하나님께서 단체적인 경배를 위해 선택하신 유일한 곳인 시온산으로 와야 했다. 산당들에서 하는 경배는 이스라엘 자손을 흩어지게 하는 요인이었다.

원칙적으로 우리는 모든 장소와 우상과 이름을 없애 버려야 한다. 이것이 주님께서 보시기에 올바른 일을 하는 것이다. 그러나 우리 자신의 선택을 고집한다면 우리는 자신이 보기에 옳은 것을 하는 것이다. 우리는 주님을 경외해야 하며 주님께서 선택하신 곳으로 가야 한다.

분열의 길

기독교는 분열의 길을 선택함으로써 세상을 따랐다. 바벨 시대부터 세상 사람들은 분열을 일으켰다. 이런 분열이 있는 것은 사람들이 자신의 선택과 선호를 고집하기 때문이다. 이러한 이유로 오늘날의 인간 사회는 전적으로 분열된 상황에 있다. 그러나 교회는 달라야 한다. 하나님께서 선택하신 유일한 곳인 교회에는 분열이 없어야 한다. 이 말이 의미하는 것은 교회는 민족들의 관습이나 인간 사회에서 행해지는 이교도적인 실행을 따르지 말아야 한다는 것이다. 그럼에도 불구하고 교회는 2세기부터 그리스도의 인격에 관한 의견들 등으로 분열되어 왔다. 그리스도론, 즉 그리스도의 인격에 대한 연구와 관련한 여러 학파는 '높은 산들'과 '언덕들'이 되었다. 이와 같이 교회는 주로 악한 것들이 아닌 좋은 것들, 심지어 그리스도에 관한 견해들로 말미암아 분열되었다.

우리가 다 아는 바와 같이 종교 개혁 이후에 기독교는 수백 번의 분열을 겪었다. 제이 차 세계 대전 이후 미국에서는 독립 단체들이 범람하기 시작했다. 1963년에 나는 남부 캘리포니아에만 천 개 이상의 독립 단체가 있다는 말을 들었다. 기독교의 역사는 교회가 세상을 따를 때 가장 두드러지게 나타나는 양상이 분열임을 증명하고 있다. 이교도적인 분열의 행위, 즉 자신의 선택과 취향과 선호를 따르는 행위가 기독교에 만연해 있다. 분열에 대한 생각을 품는 것조차도 이교도적인 체제를 취하는 것, 곧 분열적인 방식으로 민족들의 관습을 실행하는 것이다.

이스라엘 자손이 좋은 땅에 들어갔을 때 어디에서나 이교도적인 경배 장소가 발견되었다. 어떤 곳에는 제단이 있었고, 어떤 곳에는 기념 기둥들이나 나무 형상들이 있었으며, 또 어떤 곳에는 조각한 이교도의 신상들이 있었다. 가나안 땅은 우상들로 가득했다. 그러므로 하나님은 이스라엘 자손에게 이 모든 것을 없애 버리고 하나님께서 선택하신 유일한 장소로 오라고 명령하셨다. 원칙에 있어서 오늘날 우리는 같은 일을 해야 한다.

오늘날 많은 그리스도인들이 구두를 사러 다니는 식으로 소위 교회라는 곳을 찾아다닌다. 그들은 자기 선호에 맞는 것을 발견할 때까지 이 상점 저 상점을 전전한다. 어떤 그리스도인들은 이 예배당에서 저 예배당으로 다니면서 자신의 입맛에 맞고 자신의 욕망을 충족해 주는 장소를 찾느라 여러 해를 보낸다. 그런 그리스도인들은 교회 방랑자들이다. 나도 교회생활 안에 들어오기 전에 다소 이런 방랑을 한 적이 있다. 그러나 주님의 회복 안에 있는 교회 안으로 들어왔을 때 나의 방랑은 끝났다. 나는 하나님께서 선택하신 곳으로 왔다는 것을 알았다.

신명기 12장 5절은 이렇게 말한다. "오직 여러분은 여호와 여러분의 하나님께서 그분의 이름을 두시려고 모든 지파 가운데에서 선택하실 곳인 그분의 처소를 찾아 그곳으로 가야 합니다." 이스라엘 자손이 좋은 땅에 들어갔을 때 그들은 민족들의 관습을 따라 해서는 안 되었다. 그들은 자신의 선호를 따라 장소를 선택해서는 안 되었다. 그들은 하나님께서 선택하신 유일한 장소로 가야 했다. 구약의 다른 책들에 계시된 것처럼 이 유일한 장소는 하나님의 집 즉 성전이 지어져 있는 예루살렘의 시온산이었다.

경배에 대한 하나님의 관념

하나님께서 선택하신 장소에서 이스라엘 자손은 주님 앞에서 먹고 기뻐하기로 되어 있었다(신 12:7). 신명기 어디에서도 하나님의 백성이 단지 '경배'에 참여하기 위해 그 유일한 장소로 가야 한다는 말을 발견할 수 없다. 물론 그들은 하나님께서 선택하신 장소에서 주님께 경배해야 했지만 경배에 대한 그들의 관념에 따라 경배해서는 안 되었다. 그보다 그들은 경배에 대한 하나님의 사상과 관념에 따라 경배를 드려야 했다. 사람의 천연적인 관념에 따르면, 경배하는 것은 하나님 앞에서 무릎을 꿇거나 허리를 굽히거나 엎드리는 것이다. 이슬람교 신자들은 사원에서 그렇게 경배한다. 언젠가 나는 이슬람 사원을 경배가 드려지는 시간에 맞추어 방문한 적이 있었다. 내가 눈여겨본 것은 경배하는 이들 중에 누리고 있다는 느낌을 주는 사람이 전혀 없었다는 것이다. 오히려 누림이 없기 때문에 그 경배자들 중 많은 사람들이 나이에 비해 더 늙어 보였다. 신명기 12장에 나타난 경배는 무릎을 꿇거나 허리를 굽히거나 엎드리는 문제가 아니다. 이 장에 의하면 경배하는 것은 주님 앞에서 먹는 것이다. 하나님께서 선택하신 장소에 올 때 하나님의 백성은 하나님 앞에서 예물과 희생 제물의 최상의 몫을 먹기로 되어 있었다.

신명기 12장 6절은 이 점을 기술한다. "여러분은 번제물과 희생 제물과 십일조와 여러분의 손의 거제물과 서원 제물과 자원 제물과 소 떼나 양 떼 가운데 처음 난 것을 그곳으로 가져가야 합니다." 좋은 땅의 소산물 중에서 최상의 몫은 하나님께서 선택하신 곳에서 주님 앞에서 먹어야 했다. 이스라엘 자손의 의무는 그 땅의 소산물 중에서 최상의 십분의 일인 십일조를 따로 떼어 하나님께서 선택하신 곳으로 가져가는 것이었다. 더욱이 그들은 소 떼나 양 떼 가운데 처음 난 것들도 따로 떼어 놓아야 했다. 일 년에 세 차례, 즉 무교절과 칠칠절과 초막절에 그들은 십일조와 소산물을 예루살렘에 있는 하나님의 집으로 가져왔다. 이 세 명절 동안에 그들은 주님 앞에서 이 모든 풍성을 누릴 수 있었다. 그러나 이 특별한 몫을 집에서 누리는 것은 금지되어 있었다. 그들은 그 몫을 오직 명절 때에 하나님께서 지정하신 장소에서만 누릴 수 있었다. 그들이 제물을 먹는 것이 하나님에 대한 그들의 경배였다. 십일조와 희생 제물을 합당한 곳에 가져간 후 그들은 그것들을 제단 위에 드렸다. 그런 다음 자신들이 드린 바로 그 제물을 먹었다. 하나님을 위한 몫과 제사장들을 위한 몫과 제물을 드린 사람의 몫이 있었다. 그러므로 하나님의 백성은 좋은 땅의 풍성한 소산물을 하나님 앞에서 하나님과 함께 누렸다. 이것이 하나님에 대한 참된 경배였다.

여러분은 하나님께서 바로 이러한 종류의 경배를 갈망하신다는 것을 생각해 본 적이 있는가? 신명기 12장에는 찬송이나 기도에 대한 언급이 없다. 이 부분의 말씀에 의하면 합당한 경배란 하나님 앞에서 좋은 땅의 소산물을 먹는 문제이다. 좋은 땅은 그리스도의 예표이며, 그 땅의 풍성한 소산물은 그리스도의 풍성에 대한 예표이다. 그러므로 하나님께서 우리에게서 얻고자 하시는 경배는 우리가 그분의 임재 안에서 그리스도의 풍성을 먹고 누리는 것이다. 영적으로 말해서, 우리는 모두 그리스도를 더욱 먹음으로써 체중을 더 늘려야 한다. 출애굽기, 레위기, 민수기, 신명기의 초점은 그리스도를 먹는 것이다. 만일 우리가 그리스도를 먹지 않는다면 하나님께 경배할 수 없다. 하나님께서 찾고 계시는 경배는 그리스도를 누리는 것과 관계있다. 신명기 12장 6절에 있는 여러 예물과 희생 제물은 모두 우리의 누림을 위한 그리스도의 여러 방면들을 예표한다. 합당한 경배란 좋은 땅의 소산물을 먹는 것, 즉 하나님께서 선택하신 유일한 장소에서 그리스도의 풍성을 하나님과 함께 하나님 앞에서 누리는 것이라는 사실에 우리 모두가 인상받기를 바란다.

기독교의 역사 전반을 지나오며 이와 같은 경배는 사라졌다. 그러나 나는 주님께서 그것을 회복하고 계신다는 것을 온전히 확신한다. 교회 안에서 주님은 우리를 참된 경배, 즉 하나님께서 선택하신 유일한 장소에서 그리스도를 누리는 데로 인도하고 계신다. 하나님 앞에서, 하나님과 함께 우리는 하나라는 터 위에서 그리스도를 누린다. 그리스도의 풍성을 먹고 누림으로 인해 그분을 찬양하라!

먹는 것과 기뻐하는 것

신명기 12장 7절은 또한 이렇게 말한다. "여러분은 거기서 여호와 여러분의 하나님 앞에 먹어야 하며, 여러분과 여러분의 집안 식구는 여호와 여러분의 하나님께서 여러분이 손대는 모든 일에 복 주신 것을 기뻐해야 합니다." 이 말씀은 이스라엘 자손이 주님 앞에서 먹었을 뿐 아니라 그분 앞에서 기뻐했음을 가리킨다. 먹는 것은 기뻐하는 것을 동반한다. 하나님 앞에서 좋은 땅의 소산물을 누릴 때 이스라엘 자손은 기뻐했다. 가나안 땅의 풍성을 떠나서는 그들에게 먹을 것이 없었고, 따라서 기뻐할 이유도 없었다. 먹는 것과 기뻐하는 것은 모두 풍성에 달려 있다. 종종 저녁 식사나 잔치에 초대받을 때, 우리는 상 위에 차려진 음식을 보고 기뻐한다. 이와 같이 그리스도의 풍성은 하나님께서 선택하신 장소에서 우리가 기뻐하는 근거이자 요인이다.

합당한 교회생활의 네 가지 특징

앞 장에서 우리는 합당한 교회생활의 네 가지 특징을 지적했다.

그 네 가지 특징은 이름과 거처와 누림과 기뻐함이다. 교회가 하나님의 처소, 즉 하나님께서 거주하시는 장소라는 사실은 하나님의 임재가 교회 안에 있음을 가리킨다. 하나님은 마치 모텔을 방문하는 것처럼 교회에 잠시 머무시는 것이 아니다. 교회는 살아 계신 하나님의 집으로서 하나님의 가정이자 처소이다. 그러므로 하나님의 임재는 교회 안에 있다. 교회 안에서 우리는 그리스도의 풍성을 누리며 주님 안에서 기뻐한다. 이것이 합당하고 참되고 정상적인 교회생활이다. 여기에는 주님의 이름이 있으며 주님의 임재가 있다. 우리는 주님을 만나고 주님을 보고 주님의 임재를 누리기 위하여 교회에 온다. 여기에서 우리는 하나님과 함께 그리스도의 풍성을 누린다. 이 풍성을 누릴 때 우리는 주님 안에서 기뻐한다.

우리 중의 많은 사람이 간증하는 바와 같이, 다른 곳에서는 주님의 이름과 임재의 실재를 얻지 못했다. 그뿐만 아니라 우리에게는 그리스도의 풍성에 대한 누림도 없었고 기쁨도 없었다. 대개의 경우 오늘날 그리스도인의 경배의 중심지에서는 이 네 가지 특징들이 발견되지 않는다. 겉으로 보기에는 그곳에 그리스도의 이름이 있을지 모르지만 실제로는 주님의 이름이 그곳에서 발견되지 않는다. 주님의 임재는 더더욱 그러하다. 토저(A. W. Tozer)는 "교회들 안에서 쇠퇴해 가는 그리스도의 권위(The Waning Authority of Christ in the Churches)"라는 글에서 이 점을 강조하고 있다. 우리의 경험에 비추어 볼 때, 그리스도인의 다양한 경배의 중심지에는 그리스도에 대한 누림이 없으며 이 누림에서 오는 기쁨도 없음을 증언할 수 있다. 그러나 하나님께서 선택하신 곳인 교회 안에 있는 우리에게는 주님의 이름과 그분의 임재와 그리스도의 풍성에 대한 누림과 주님 안에서의 기쁨이 있다.

주님의 집에 거함

시편에서 우리는 구약의 성도들이 하나님께서 선택하신 유일한 장소에서 어떻게 주님을 누렸는지를 본다. 이제 이 누림을 간증하는 몇 절들을 살펴보자. 이 절들에서 우리는 하나님의 백성이 어떻게 하나님의 임재 안에서 좋은 땅의 풍성을 누림으로써 하나님께 경배했는지를 본다. 고대의 성도들은 분명히 하나님께서 선택하신 유일한 장소에서 하나님과 함께 그리스도를 누렸다. 우리가 살펴볼 절들은 하나님께서 선택하신 장소에서 좋은 땅의 풍성을 누리는 것과 관련된 것으로서, 시편에서 매우 중요한 절들이다.

시편 23편 6절은 이렇게 끝맺는다. “저는 여호와의 집에 / 평생토록 거주하렵니다.” 그리스도인들이 시편 23편을 사랑하는 것은 주로 그 장이 주님을 목자라고 말하기 때문이다. 그러나 주님께서 우리를 목양하시는 것의 궁극적인 목표는 여호와의 집에 있다. 이 시편 23편에 따르면, 주님은 우리를 한 단계 한 단계 인도하셔서 주님의 집에 이르게 하신다. 그분은 우리를 푸른 풀밭에 누이시고 쉴 만한 물가로 인도하시며 의의 길로 안내하신다. 우리를 죽음의 그늘진 골짜기를 통과하도록 이끄시기도 하고 전쟁터로 데려가시기도 한다. 그러나 그분은 결국 우리를 주님의 집에 거주하게 하신다. 바로 주님의 집 안에서 우리 평생에 선과 자애가 우리를 따른다. 우리는 그저 주님의 집을 방문해서는 안 된다. 우리는 그곳에 평생토록 곧 영원히 거해야 한다.

시편 23편 6절에는 하나의 대구(對句)가 있다. 한 면으로 우리 평생에 선과 자애가 우리를 따를 것이다. 또 다른 면으로 우리는 주님의 집에 평생토록 거주할 것이다. 그러므로 '제 평생에'와 '평생토록'은 대구이다. 이 말씀은 우리가 주님의 집에 거할 때 선과 자애가 우리와 함께하리라는 것을 가리킨다. 주님의 선과 자애에 참여하기를 갈망한다면, 우리는 주님의 집 안에 있어야 한다. 오늘날 주님의 집은 바로 교회이다. 교회 밖에서는 주님의 선과 자애를 충만히 누릴 수 없다. 그러나 우리는 교회 안에서 주님의 선과 자애를 영원히 누린다.

한 가지 갈망

시편 27편 4절은 이렇게 말한다. "내가 여호와께 청하여 온 한 가지 / 그것을 구하리니 / 내 평생에 / 여호와의 집에 거주하며 / 여호와의 아름다움을 바라보고 / 그분의 성전에서 여쭙는 것이라네." 여기에서 우리는 시편 작가의 한 가지 갈망을 본다. 그것은 평생에 주님의 집에 거주하는 것이었다. 오늘날 우리에게 있어서 여호와의 집은 교회이다. 우리가 시편 작가와 같다면 평생 교회 안에 거하기를 갈망할 것이다. 여기 교회 안에서 우리는 주님의 아름다움을 바라본다. 이것은 주님의 임재를 가리킨다. 그뿐만 아니라 우리는 주님의 성전에서 여쭙는다. 우리는 자신의 뜻을 따라 기도하는 것이 아니라 그분의 뜻에 대해 여쭈면서 그분의 갈망을 구한다. 주님의 아름다움을 바라보고 그분의 집에서 여쭙고자 한다면, 우리는 주님의 집인 교회 안에 거주해야 한다.

그리스도의 풍성을 누림

시편 36편 8절은 이렇게 말한다. "그들은 주님의 집에 있는 기름진 것으로 적셔지며 / 주님은 그들에게 주님의 기쁨의 강을 마시게 하십니다." 성경의 예표에서 주님의 집에 있는 기름진 것은 좋은 땅의 풍성한 소산물을 가리킨다. 그 집에서 하나님께 드려진 모든 풍성은 주님의 집에 있는 기름진 것이 되었다. 이 예표의 성취는 그리스도 안에서 이루어졌다. 왜냐하면 그분이 주님의 집에 있는 기름진 것의 실재이시기 때문이다. 구약 시대에 하나님의 백성은 하나님께서 그분의 처소로 선택하신 장소에서만 이 기름진 것을 누릴 수 있었다. 그렇기 때문에 시편 작가는 하나님의 백성이 그분의 집에 있는 기름진 것으로 적셔질 것이라고 선포한다.

이 절은 또한 "주님은 그들에게 주님의 기쁨의 강을 마시게 하십니다."라고 말한다. 하나님의 집에 있는 기름진 것을 누릴 때, 우리는 주님의 기쁨의 강을 마신다. 이 기쁨은 하나님께서 선택하신 장소에 오는 사람들에게 기쁨의 강이다. 이러한 기쁨은 하나님의 집에 있는 기름진 것을 누리는 데에서 온다. 그러므로 우리는 주님의 집 안에서 하나님의 기쁨의 강을 마실 때 기쁨으로 가득하게 된다.

계속해서 시편 36편 9절은 이렇게 말한다. "생명의 원천이 주님께 있으니 / 주님의 빛 안에서 우리는 빛을 봅니다." 이 절들에는 기름진 것과 기쁨과 생명과 빛이 있다. 우리는 강물을 누릴 뿐 아니라 원천을 누린다. 이런 풍성한 누림이 하나님의 집인 교회 안에서 우리의 것이 된다. 교회 안에서 우리는 그리스도의 풍성으로 풍족하며 즐거움과 기쁨으로 가득하다. 심지어 우리가 마실 수 있는 기쁨의 강까지도 있다. 이뿐만 아니라 우리에게는 생명의 원천이 있다. 이 생명은 우리가 그 안에서 빛을 보게 하는 빛이 된다.

이러한 그리스도의 풍성의 모든 방면을 체험함으로써 우리는 하나님께 참다운 경배를 드리게 된다. 이러한 경배야말로 교회생활의 기본적인 요소이다. 교회생활은 그리스도를 누리는 데서 오는 경배로 이루어진다. 이런 누림은 우리를 기쁨과 즐거움으로 채우며, 심지어 이 기쁨은 우리가 마시는 강이 되기까지 한다. 결국 우리는 생명의 원천에 나오며, 주님의 빛 안에서 빛을 보게 된다. 여기에는 어둠과 죽음과 약함과 공허함이 없다. 반대로 우리는 주님의 기쁨의 강을 마시고 생명과 빛을 누리면서 만족하고 기뻐한다. 이런 누림에서 나오는 경배가 오늘날 하나님께서 갈망하시는 경배이다. 이런 누림과 경배가 합당하고 정상적인 교회생활을 이룬다. 기독교는 이러한 경배에 대해 전혀 알지 못하지만 주님은 오늘날 교회생활 안에서 그것을 회복하고 계신다.

무리와 함께 하나님의 집에 감

시편 42편 4절에서 시편 작가는 이렇게 선포한다. "전에는 환호와 찬양의 소리 드높여 / 무리와 두루 다니며 / 축제의 무리를 / 하나님의 집으로 이끌었으나 / 이제는 그 일을 기억하며 / 제 속에서 혼을 쏟아 냅니다.” 여기에서 시편 작가는 무리와 동행하여 하나님의 집에 갔을 때의 누림을 기억한다. 그는 그들이 어떻게 환호와 찬양의 소리를 내며 하나님의 집에 갔는지를 회상했다. 무리와 동행하여 그는 축제 곧 잔칫날을 지켰다. 이 말을 할 때 시편 작가는 포로가 되어 주님의 집에 대한 누림을 잃은 상태였다. 그러므로 그는 이 누림을 기억했을 때 마음이 상했다.

우리는 이 절을 통해 성도들이 하나님의 집에서 좋은 땅의 소산물을 어떻게 누렸는지를 볼 수 있다. 그들은 환호와 찬양의 소리를 내며 주님의 집에 갔으며 즐거이 하나님의 임재 안으로 들어갔다. 그곳에서 그들은 주님의 임재 안에서 그 땅의 소산물의 최상의 부분을 누렸다. 원칙적으로 이것은 오늘날 교회생활 안에서 얻는 우리의 체험이다. 우리는 명절을 지킴으로써 그리스도를 누리기 위하여 무리와 동행하여 온다. 우리는 교회 집회에 올 때마다 그리스도의 풍성으로 잔치를 누린다. 여기 주님의 집 안에서 우리는 참으로 하나님과 함께 그리스도를 누린다.

빛과 진리

시편 43편 3절은 이렇게 말한다. “주님의 빛과 주님의 진리를 보내 주시어 / 저를 인도하게 하시고 / 저를 주님의 거룩한 산과 / 주님의 장막들로 데려가게 하여 주십시오.” 빛과 진리는 분리된 두 가지 것이 아니라 한 가지 것의 양면이다. 우리가 다른 곳에서 지적한 바와 같이 요한복음에는 은혜와 진리가 있으나 요한일서에는 사랑과 빛이 있다. 진리는 빛의 비춤이다. 빛이 우리에게 비칠 때, 우리는 진리 곧 실재를 받는다. 그러나 교통 안에서 하나님께 나아갈 때, 우리는 빛 안에 있다. 그러므로 우리 편에서는 진리가 있지만 하나님 편에서는 빛이 있다. 시편 43편 3절에 의하면 우리에게는 빛과 진리가 다 필요하다.

이 절은 빛과 진리가 우리를 인도하고 주님의 거룩한 산과 주님께서 계시는 곳, 곧 하나님의 집에 데려간다는 것을 보여 준다. 매일 우리는 하나님의 집으로부터 나오는 빛과 진리에 의해 인도된다. 디모데전서 3장 15절과 16절에서 우리는 살아 계신 하나님의 집인 교회가 진리의 기둥과 기반이라는 것을 본다. 이것은 진리가 하나님의 집인 교회 안에서 발견될 수 있음을 가리킨다. 진리가 있을 때 우리에게는 빛이 있다. 그러므로 빛과 진리는 모두 교회 안에 있다.

이 절이 분명히 보여 주는 바와 같이 빛과 진리는 구체적이고도 뚜렷한 기능을 갖고 있다. 그 기능은 우리를 거룩한 산과 하나님께서 계시는 곳으로 데려가는 것이다. 곧 우리를 하나님께서 선택하신 장소와 하나님의 처소로 인도하는 것이다. 오늘날 많은 그리스도인들이 빛과 진리를 추구하고 있지만 하나님께서 선택하신 장소로 인도될 목적으로 빛과 진리를 찾는 사람은 별로 없다. 그러나 만일 우리의 목적이 거룩한 산과 하나님의 거처로 인도되는 것이라면 빛과 진리는 분명히 우리에게 올 것이다. 우리가 교회생활 안으로 들어오기 전이었음에도 불구하고, 교회를 고려하기 시작했다는 이유만으로 빛과 진리를 받았다는 것을 우리 가운데 많은 이들이 간증할 수 있다. 교회에 온다는 생각을 했기 때문에 빛과 진리가 우리에게 온 것이다. 그러나 우리가 교회에 대하여 주저할 때 빛과 진리는 한동안 사라진 것 같았다. 하지만 우리가 교회의 길을 가야 함을 깨달았을 때 빛은 또다시 비치기 시작했고 진리는 이전보다 더 충만히 나타났다. 그 후 교회생활 안으로 들어왔을 때 우리는 정오의 빛 가운데 있었으며 많은 진리를 받았다. 이것은 빛과 진리가 우리를 하나님의 거룩한 산으로 인도했고 우리를 하나님의 거처인 교회로 데려갔음을 증명한다.

우리의 제물들을 주님께 드림

계속하여 시편 66편을 보자. 13절은 "제가 번제물을 가지고 주님의 집에 들어가 / 주님께 서원한 것을 이루리니"라고 말한다. 15절에서 시편 작가는 계속하여 "저는 숫양의 향기와 더불어 / 살진 짐승을 번제물로 주님께 바치며 / 염소와 함께 소를 바치겠습니다."라고 말한다. 시편 작가는 오직 하나님의 집인 성전에서만 번제물과 희생 제물을 드릴 수 있다는 것을 깨달았다. 그는 오직 하나님께서 선택하신 곳으로 가야만 하나님께 희생 제물을 드릴 수 있음을 알았다. 이 예표에 따르면, 오늘 우리도 주님께 우리의 제물들을 드리려고 할 때에 하나님께서 선택하신 곳인 교회로 가야 한다. 이스라엘 자손은 하나님께 그들의 제물들을 드리기 위하여 성전으로 가야 했다. 하나님은 그 외의 어떤 곳에서도 제물을 받지 않으셨다. 만일 단에 살고 있는 이스라엘 사람이 단에서 하나님께 어떤 제물을 드리고 싶다고 말씀드렸다면, 주님은 "나는 그곳에서 바치는 제물을 받을 수 없다. 나는 오직 시온산에서만 제물을 받아들인다."라고 말씀하셨을 것이다. 하나님은 좁은 분이 아니시지만 성전을 그분의 관심이 집중되는 곳으로 삼기로 선택하셨다. 그분은 시온산을 유일한 경배 장소로 선택하셨다. 그분의 백성은 오직 그곳에서만 그들의 제물을 드릴 수 있었다.

이 원칙은 오늘날 교회생활에도 적용된다. 우리 중의 많은 사람들이, 교회 밖에서 하나님께 어떤 것을 드렸을 때 그렇게 드린 것이 그다지 기쁘지 않았음을 간증할 수 있다. 나는 그리스도인들이 교회 밖에서는 하나님께 아무것도 드릴 수 없다고는 감히 말하지 않겠다. 그러나 나는 교회생활과 동떨어져 이 일을 행하는 것은 전혀 기쁨이 없는 것임을 간증할 수 있다. 예표에 의하면 우리의 제물들은 하나님께서 선택하신 유일한 곳에서 드려져야 한다.

하나님께서 선택하신 곳으로 감으로써 복종함

우리는 이 요구가 터무니없다고 생각할지 모른다. 그러나 하나님의 생각은 우리의 생각보다 높다. 하나님께서 선택하신 곳에 제한됨으로써 우리는 하나님의 은혜를 남용하지 않도록 지켜지며, 우리의 욕망이나 성질이나 기질에 있어서 굴복된다. 우리 모두에게는 각자 타고난 기질과 성질과 성격이 있다. 그러나 우리의 독특함이 무엇이든 우리는 모두 굴복되어야 한다. 만일 우리가 우리의 타고난 생명 또는 독특한 특징들을 지닌 우리의 타고난 기질 안에 머문다면, 하나님께서 찾고 계시는 종류의 경배를 하기가 불가능할 것이다. 우리 모두는 유일한 장소 즉 유일한 터로 감으로써 복종해야 한다. 이것은 우리가 모두 교회에 복종해야 할 필요가 있음을 의미한다. 만일 우리에게 복종할 뜻이 없다면 우리는 장로들이나 다른 형제자매들이나 심지어 남편이나 아내와도 싸울 것이다. 영적인 것들, 곧 하나님에 관한 일들에 대해서까지 다른 사람들과 불일치가 있게 될 것이다. 어떤 일을 할 때 우리는 이런 방법을 선호할 수 있고 다른 사람들은 저런 방법을 선호할 수 있다. 교회의 길을 취함으로써 복종하는 것이 우리 모두에게 얼마나 필요한지!

〈골로새서 라이프 스타디〉에서 우리는 그리스도의 화평이 우리의 마음에서 판정을 내리도록 해야 한다는 것을 지적했다. 그러나 교회생활을 떠나서는 판정을 내리는 그리스도의 화평을 체험하기 어렵다. 물론 그리스도의 화평이 우리의 마음에서 판정을 내리지만 그것은 교회생활이라는 환경 안에서만 그렇다. 매우 참된 의미에서, 판정을 내리는 것은 교회이다. 교회의 길은 복종하는 길이다. 우리는 교회의 터에 복종하기 때문에 하나 안에 보존된다. 하나님께서 선택하신 유일한 장소는 우리가 하나님의 은혜를 남용하지 못하도록 지켜 주며, 또한 우리를 복종시킨다. 그뿐 아니라 이 유일한 길은 우리에게 그리스도에 대한 참된 누림을 준다. 우리가 그리스도에 대한 순전한 누림을 가질 때 우리는 하나이다. 우리는 그리스도에 대한 누림, 즉 좋은 땅의 풍성한 소산물을 먹는 것 안에서 하나이다.

그러나 이미 지적했듯이 우리는 오직 하나님께서 선택하신 곳에서만 이 소산물을 제물로 드릴 수 있다. 시편 작가와 같이 우리는 우리의 제물들을 하나님의 집으로 가져가야 한다.

하나님께 올라가는 향기

시편 66편 15절은 "저는 숫양의 향기와 더불어 / 살진 짐승을 번제물로 주님께 바치며 / 염소와 함께 소를 바치겠습니다."라고 말한다. 나는 '숫양의 향기와 더불어'라는 구절을 좋아한다. 중국어 번역은 '숫양의 향기로운 제물'이다. 우리의 제물이 하나님께 향기가 된다는 것은 우리의 제물에 향취가 있음을 의미한다. 우리가 우리의 번제물을 교회에 가지고 와서 그것을 교회 안에서 주님께 드릴 때 우리의 제물과 조화되는 향기가 있다. 이 향기는 주님께 향기롭고 즐거운 것이다.

교회 밖에서 주님께 제물들을 드릴 수도 있지만 그 제물들에는 향기로움이 없다. 그러나 우리는 교회 안에서 주님께 어떤 것을 드릴 때 우리의 제물들이 '숫양의 향기와 더불어' 드려짐을 느낀다. 오, 교회 안에서 하나님께 드려지는 제물들은 얼마나 향기로운지! 이 향기는 특별히 하나님을 위해 있는 것이지만 우리도 그것을 느낄 수 있다. 교회생활과 동떨어져서는 이런 향기를 체험할 수 없다. 오직 교회생활 안에서만 제물들이 합당한 방식으로, 즉 하나님께 향기롭고 만족스러운 방식으로 그분께 드려질 수 있다.

하나님의 장막의 아름다움

시편 84편은 아주 풍성하다. 1절과 2절은 "오, 만군의 여호와님! / 주님의 장막들이 어찌 그리 사랑스러운지요. / 제 혼이 여호와의 뜰을 사모하다가 / 참으로 지치기까지 하오니 / 제 마음과 육체가 / 살아 계신 하나님을 향해 부르짖습니다."라고 말한다. 1절은 한 장막만이 아니라 여러 장막을 말한다. 물론 이 장막들은 각 지방에 있는 교회들을 상징한다. 각 지방에 있는 교회들이 너무나도 사랑스러워서 우리는 향수(鄕愁)마저 느낀다. 2절에 의하면 시편 작가는 여호와의 뜰까지도 사모한다. 그의 평가에 따르면 하나님의 거처의 내부가 사랑스러울 뿐 아니라 뜰까지도 사랑스럽다. 하나님의 장막이 사랑스러운 이유는 살아 계신 하나님께서 그곳에 계시기 때문이다. 각 지방에 있는 교회들 안에 있는 하나님의 임재가 교회들을 사랑스럽고 매력적이게 만든다.

시편 84편 3절은 이렇게 말한다. "오, 만군의 여호와님! 저의 왕, 저의 하나님! / 주님의 두 단에서 참새도 집을 찾았고 / 제비도 새끼 칠 / 둥지를 찾았습니다." 의심할 바 없이 우리는 작고 약한 피조물인 참새이며 제비이다. 그러나 참새들도 집을 찾았고 제비들도 새끼 칠 둥지를 찾았다. 하나님의 집에 대한 시편 작가의 느낌은 얼마나 달콤한지! 그곳은 작은 참새들이 거하며 제비들이 새끼 칠 둥지를 지을 곳이다. 하나님의 집 안에서 참새들과 제비들인 우리는 주님의 제단들에서 집을 얻는다. 주님의 제단들에서 우리는 양육을 받고 소중히 품어지는 장소, 안식의 장소인 둥지를 발견한다.

고대에 성막과 성전 모두에 두 개의 제단이 있었다. 바깥뜰에 하나가 있었고, 성소에도 하나가 있었다. 바깥뜰에 있는 제단인 놋 제단은 부정적인 것들을 처리하고 주님의 백성을 깨끗하게 하며 모든 문제로부터 그들을 구원하는 제물을 드리는 곳이었다. 성소에 있는 제단, 곧 금으로 된 제단인 분향단은 하나님께서 기쁘게 받아들이시는 부활하신 그리스도를 상징한다. 그러므로 이 제단들은 십자가에 못 박히시고 부활하신 그리스도를 상징한다. 바로 하나님의 집 안에 있는 이곳에서 우리는 우리의 집을 얻고 안식을 찾는다.

각 지방에 있는 교회들 안의 모든 작은 이들인 참새들과 제비들은 그리스도께서 우리를 위해 성취하시고 획득하신 모든 것과 아울러 그분의 십자가에 못 박히심과 그분의 부활의 의미를 깨닫고 이해해야 한다. 우리는 어떻게 그리스도께서 제단에서 십자가에 못 박히신 분이 되시고 어떻게 그분이 분향단에서 부활하신 분이 되시는지를 알아야 한다. 이러한 이해를 통해서 우리는 십자가에 못 박히시고 부활하신 그리스도의 선하심을 누릴 것이다. 이 제단들에서 우리는 참된 안식처, 곧 우리가 양육을 받고 소중히 품어지는 곳, 우리가 안식할 수 있는 곳을 발견한다. 하나님의 처소, 곧 각 지방에 있는 교회들 안에서의 이러한 누림은 얼마나 놀라운 것인지!

시편 84편 4절에서 시편 작가는 계속해서 이렇게 말한다. "주님의 집에 거주하는 이들은 복이 있으니 / 그들이 늘 주님을 찬양할 것입니다." 우리는 하나님의 집을 그저 방문만 하는 이들이 되어서는 안 된다. 우리는 그곳에 항상 거주해야 한다. 이 절에 의하면, 주님의 집에 거주하는 이들은 복을 받는다. 그들은 온종일 주님을 찬양하기까지 한다. 우리는 함께 모일 때마다 찬양하는 데 많은 시간을 보내야 한다. 집회에서는 가르치는 것보다 찬양하는 것에 더 많은 시간을 사용해야 한다. 우리 모두가 주님께 찬양하기를 배워야 한다.

5절에서 시편 작가는 "주님께 힘을 얻고 / 그 마음에 시온을 향한 대로가 있는 이는 복이 있습니다."라고 말한다. 교회 안에서 우리는 하나님께 힘을 얻고, 우리의 마음에는 시온을 향한 대로가 가득 차게 된다. 이것을 체험하려면 우리는 반드시 하나님의 집에 있어야 한다.

6절은 "바카 골짜기를 지날 때에 / 그들이 그곳을 샘이 되게 하니 / 이른 비가 정녕 그곳을 복으로 덮습니다."라고 말한다. 여기의 '바카'는 '눈물 흘림'을 의미한다. 교회생활 가운데 눈물의 골짜기를 지날 수 있지만, 우리는 이 골짜기를 많은 샘이 있는 곳이 되게 할 수 있다. 그뿐 아니라 눈물 대신에 비가 내려 연못을 채우게 된다. 이러한 체험은 오직 하나님의 집에서만 발견되는 것이다.

더욱이 교회생활 안에서 우리는 힘에 힘을 얻으며 나아가 하나님 앞에 저마다 나아온다(시 84:7). 교회 안에서 우리는 '주님의 뜰에서의 하루가 다른 곳에서의 천 날보다 낫다'는 것을 깨닫는다. 교회생활을 누리는 사람들은 "악인들의 천막에 거주하기보다 / 제 하나님의 집 문간에 서 있으렵니다."(시 84:10)라고 말할 수 있다.

11절은 교회생활이 충만한 복의 장소임을 가리킨다. "여호와 하나님은 해와 방패 / 여호와는 은혜와 영광을 주시며 / 올곧게 살아가는 이들에게 / 모든 좋은 것을 아끼지 않으십니다." 여기 하나님의 집 안에서 우리는 해와 방패이신 하나님을 누린다. 해는 공급을 위한 것이고, 방패는 보호를 위한 것이다. 여기 교회생활에서 주님은 우리의 공급이시자 보호이시다. 그뿐 아니라 여기에서 우리는 그분의 은혜와 영광을 누린다. 은혜는 내적인 누림이지만 영광은 외적인 표현이다. 교회생활 안에서 우리는 은혜에 대한 내적인 누림을 갖고 영광에 대한 외적인 표현을 갖는다. 오, 교회생활은 얼마나 복된 것인지!

시편 84편은 "오, 만군의 여호와님! / 주님을 신뢰하는 사람은 복이 있습니다."(12절)라는 말씀으로 끝맺는다. 각 지방에 있는 교회 밖에서도 하나님을 의지할 수 있지만 그것은 다소 어려운 일이다. 반대로 우리는 교회 안에서 하나님을 의지하는 것이 매우 쉬운 일임을 간증할 수 있다. 하나님의 집은 우리가 주님을 신뢰하는 것을 훈련하기에 합당한 곳이다.

높여지고, 연합되고, 심기고, 번성함

시편 92편에서 우리는 하나님의 집 안에서의 누림에 대해 훨씬 더 많은 면들을 본다. 10절은 "그러나 주님께서 제 뿔을 들소의 뿔처럼 높이셨기에 / 저는 신선한 기름으로 기름부음을 받았습니다."라고 말한다. 교회생활에서 우리는 들소의 뿔같이 강해질 수 있다. 더욱이 우리는 높여진 두 개의 뿔을 갖고 있다. 이것은 하나님의 집에서만 가능하다. 이뿐만 아니라 하나님의 집 안에서 우리에게 신선한 기름이 부어지고 심지어 우리는 신선한 기름과 연합되기까지 한다.

우리는 외적으로는 두 개의 높여진 뿔을 가지며 내적으로는 신선한 기름과 연합된다. 교회생활 안에 있는 사람은 누구나 들소처럼 뿔을 가질 수 있고, 신선한 기름과 연합될 수 있다.

교회생활 안으로 들어온 많은 사람들은 그들의 뿔이 높여진 것을 체험했다. 우리는 교회에 거하러 오기 전까지는 비천했고 번번이 패배당했다. 그러나 하나님의 거처로 들어왔을 때 우리의 뿔이 원수 위에 높여진 것을 느꼈다. 더구나 우리는 자신이 신선한 기름과 연합되었음을 느꼈다. 하나님의 집에서 우리는 매일 신선한 기름과 연합된다는 느낌을 가진다. 매일 우리는 매우 신선한 무언가를 느낀다. 이것이 바로 우리와 연합되고 있는 기름이다. 우리가 신선한 것은 신선한 기름과 연합되기 때문이다.

시편 92편 13절은 "그들은 여호와의 집에 심어져 / 우리 하나님의 뜰에서 번성하며"라고 말한다. 우리는 다만 주님의 집에 거할 뿐 아니라 또한 그곳에 심어져야 한다. 여러분은 교회생활 안에 심어져 있는가? 교회를 떠나는 사람들은 교회 안에 심어지지 않은 사람들이다. 일단 주님의 집에 심어지면 여러분은 교회를 떠날 수 없다.

만일 우리가 주님의 집에 심어져 있다면 우리는 하나님의 뜰에서 번성할 것이다. 이것은 아주 의미 있는 표현이다. 우리는 집 안에 뿐 아니라 뜰 안에도 있다. 우리의 뿌리는 집 안에 고정되어 있지만 우리의 가지들은 뜰로 벋어 나간다. 번성하는 것은 주로 뿌리와 관련된 것이 아니라 가지들과 관련된 것이다.

시편 92편 14절은 계속해서 "늙어서도 여전히 열매 맺고 / 진액이 가득하며 항상 푸르니"라고 말한다. 나는 비록 나이가 많은 사람이지만 수 년 전보다 오늘 더욱더 많은 열매를 맺는다. 이 절이 말하는 것처럼 나는 노년에 여전히 열매 맺고 진액이 가득하며 항상 푸르다. 우리는 늙어서도 열매 맺는 정도로까지 번성할 수 있다. 이것은 오직 하나님의 집인 교회 안에 있을 때에만 가능하다. 만일 우리가 하나님의 거처 안에 심어진다면, 우리는 우리 하나님의 뜰에서 번성할 것이며 늙어서도 열매 맺을 것이며 진액이 가득하고 항상 푸를 것이다. 이곳에 거하면 거할수록 우리는 더욱 젊어지게 된다. 이것이 주님의 집에 거한 결과이다.

시편 92편의 이 절들은 하나님께서 선택하신 유일한 장소가 희생 제물을 드리고 하나님께 경배하는 데 합당한 장소일 뿐 아니라 생명이 자라기에 합당한 곳임을 가리킨다. 합당한 그리스도인의 생활은 교회 안에 심어져서 교회생활의 뜰에서 번성하는 생활이다. 여기 교회생활 안에 있을 때 우리는 참된 생명의 성장을 갖는다. 자랄 때 우리는 진액이 가득하고 항상 푸르게 된다. 결국 자연스럽게 우리는 거룩하고 영적이며 승리하는 사람이 된다.

누가 하나님의 집에 심어진 사람들보다 더 거룩하고 영적이며 승리하겠는가? 이런 방면에서 그들을 능가할 사람이 없다. 주님의 집에 거하는 사람들은 거룩함이나 영성이나 승리를 구할 필요가 없다. 이러한 특징들은 자연스럽게 그들의 것이 된다. 왜냐하면 그들은 교회생활 안에 심어져 있고 교회생활 안에서 번성하고 있기 때문이다. 그들은 진액이 가득하고 항상 푸르기 때문에 자동적으로 거룩해지고 영적이 되며 승리한다. 이것은 우리가 그리스도인의 생활을 하는 합당한 길이 정상적인 교회생활 안에 있는 것임을 가리킨다.

우리는 합당한 교회생활을 떠나서는 거룩해질 수 없고, 영적이 될 수도 없고, 승리할 수도 없다. 이 모든 특징들은 교회생활 안에서 발견된다. 교회생활 안에 심어질 때 우리는 거룩함과 영성과 승리로 번성할 것이다. 그 결과 우리는 다만 객관적인 방식으로 하나님을 경배하는 것이 아니라, 하나님의 임재 안에서 그리스도를 누린 데서 나오는 주관적인 경배, 분배가 이루어지는 경배로써 하나님께 경배할 것이다.

연합하여 거함

우리가 여기에서 보고자 하는 마지막 시편은 133편이다. 1절은 "보라, 형제들이 연합하여 거하는 것이 / 얼마나 좋고 얼마나 즐거운가!"라고 말한다. 이 절은 연합하여 거하는 것이 좋고도 즐겁다고 말한다. 2절에 의하면, 이렇게 연합하여 거하는 것은 '머리 위의 좋은 기름이 아론의 수염을 타고 흘러서 그의 옷단에 흘러내리는 것 같다'.* 관유(ointment)는 일반적인 기름보다 아주 천천히 퍼져 나간다. 교회생활에서 이 관유는 빨리 흘러내리지 않고 천천히 점차적으로 살며시 퍼져 나간다. 보배로운 관유가 아론의 머리에서부터 옷단에까지 퍼진다. 이것은 이 관유가 '머리'에서부터 온몸으로 흘러내려옴을 의미한다.

시편 133편 3절에서 연합하여 거하는 것은 헤르몬의 이슬에 비

* 이 절에서 '기름'은 '관유'임—역자 주

유되고 '시온의 산들에 내리는' 이슬에 비유된다. 높은 산인 헤르몬 산은 하늘들을 상징하는데, 이곳에서부터 이슬이 내린다. 산들은 각 지방에 있는 교회들이며, 이슬은 그리스도의 은혜이다. 각 지방에 있는 교회들 위에 내리는 이슬은 매우 신선하게 하는 것이다. 우리는 그리스도의 신선하게 하는 요소가 각 지방에 있는 교회들 안에서 우리 위에 내린다고 간증할 수 있다. 우리의 누림을 위해 각 지방에 있는 교회들 위에 내리는 하늘에 속한 이슬이 있는 것으로 인해 주님을 찬양하자!

이 관유와 이슬은 생명을 가져온다. 시편 133편 3절은 "거기서 여호와께서 복을 명하셨으니 / 영원한 생명이라."라고 말한다. 이 절이 '여호와께서 복을 주셨다'고 말하지 않고 '여호와께서 복을 명하셨다'고 말하는 점을 주의하라. 하나님의 집인 교회생활 안에서 우리는 하나님께서 명하신 생명의 복을 누린다.

구약 시대에도 하나님의 백성은 물질적인 성전에 왔을 때에 하나님의 집 안에서 놀라운 생명을 누렸다. 그들은 성전 주위에 함께 모여서 좋은 땅의 풍성한 소산물 중에서 최상의 부분을 드렸다. 그런 다음 그들은 하나님과 함께, 하나님의 임재 안에서 이 제물들을 누렸다. 이것이 그들의 삶이요, 생활이요, 경배였다. 그들은 좋은 땅의 풍성을 누림으로 주님께 경배했다. 이것이 그들의 생활이었기 때문에 그들은 주님의 집 안에 심어졌고 번성했다. 예표적으로 이것은 하나라는 터 위에 있을 때에 이루어질 수 있는 것을 보여 주는 그림이다.

하나님의 요구

하나라는 터는 단순히 '한 도시에 한 교회'의 문제만이 아니다. 하나라는 터는 이보다 더 깊고 더 풍성하고 더 높고 더 충만한 것이다. 우리 모두는 하나님께서 이 우주 가운데 오직 한 곳을 선택하셨으며 그곳이 교회라는 것을 알아야 한다. 하나님은 우리에게 그분께서 선택하신 그곳으로 갈 것을 요구하신다. 영적으로 말해서, 우리는 교회가 아닌 모든 곳을 없애 버려야 하며 그리스도의 이름 외의 모든 이름을 깨뜨려야 한다. 이것은 우리가 우리의 문화와 종교적인 배경을 깨뜨려야 함을 의미한다. 여러분은 이 나라의 특정 지역에서 태어났다. 여러분은 그곳에서 받은 영향을 깨뜨려야 한다. 아마 여러분은 어느 특정 교파의 종교적인 배경을 갖고 있을 것이다. 이제 여러분 안에 있는 그 교파적인 부분을 깨뜨려야 한다. 우리가 깨뜨려야 하는 것들은 우리의 기질과 성질과 습관들을 포함한다. 우리는 한 새사람의 하나를 손상하는 모든 것을 깨뜨려야 한다.

골로새서 3장 11절에 의하면, 새사람 안에는 '헬라인과 유대인이나, 할례자와 무할례자나, 야만인이나, 스구디아인이나, 노예나, 자유인이 없다. 오직 그리스도께서 모든 것이시며 모든 것 안에 계신다'. 그리스도와 함께한 교회가 곧 하나님께서 선택하신 유일한 곳이다. 골로새서 3장 11절의 말씀을 이루기 위하여 다른 모든 곳은 철저하게 없애 버려야만 한다. 우리는 그리스도와 함께한 교회가 아닌 것은 모두 깨뜨려야 한다. 그럴 때 우리는 단순히 교회생활 안에 있으면서, 좋은 땅의 풍성이신 그리스도를 누릴 것이다. 우리가 하나님과 더불어 그리스도를 누릴 때 주님의 집에 심어질 것이고, 자랄 것이며, 번성할 것이다. 이것이 그리스도인의 생활과 교회생활을 하는 합당한 길이다. 이것이 곧 하나라는 터이다.

이 터 위에서는 분열이 있을 수 없다. 그것은 분열의 기반이 깨뜨려졌기 때문이다. 우리의 성질과 기질과 타고난 성격과 선호가 모두 제거되었다. 우리의 종교와 문화와 특별한 방법들도 또한 깨뜨려졌다. 모든 이교도적인 장소를 없애 버렸기 때문에 우리는 단순히 하나님께서 선택하신 곳으로 오는 것이다.

이교도적인 장소를 기꺼이 없애 버리고자 하는 의지가 결여되었기 때문에 교회생활이 약해졌다. 신명기 12장은 오늘날 우리에게 커다란 영적인 의미를 지니고 있다. 우리의 인간 생활과 문화 속에는 깨뜨려야 할 많은 곳들이 남아 있다. 우리는 그것들을 모두 깨뜨리고 나서 하나님께서 선택하신 유일한 곳인 교회로 가야 한다. 교회 안에는 그리스도 외에 어떤 것도 있을 수 없다. 그리스도께서 모든 것이 되셔야 하며 모든 것 안에 계셔야 한다. 이렇게 말하기는 쉽지만 이것을 확실한 방법으로 실행하기는 쉽지 않다. 그럴지라도 이 원칙을 실행하지 않는 것에 관해 핑계를 댈 수 없다.

없애 버려야 할 모든 곳 안에는 기념 기둥과 상징물과 신상이 있다. 이것은 심지어 우리의 성격이나 기질 안에도 이러한 기념 기둥이나 상징물이나 신상이 있을 수 있음을 의미한다. 그러므로 우리는 이 기념 기둥과 상징물과 신상이 있는 모든 곳을 깨뜨려야 한다. 어떤 곳도 남겨 두지 말라. 오히려 그것들을 없애 버리고 주님께서 선택하신 곳으로 가라. 우리가 거듭 지적했듯이 하나님께서 선택하신 곳은 바로 교회이다. 교회로 왔기 때문에 우리는 그리스도라는 인격과 십자가라는 유일한 길 외에는 아무것도 가져서는 안 된다. 그럴 때 우리는 교회 안에서 그 땅의 풍성한 소산물 중 최상의 몫이신 그리스도를 누릴 것이다. 우리가 하나님 앞에서 그분을 누릴 때, 이 누림은 우리의 경배와 교회생활이 될 것이며 심지어 우리 그리스도인의 매일의 생활이 될 것이다. 게다가 우리는 하나라는 터 위에서 자라고 성숙할 것이다.

6

하나라는 터 위에서 바르는 기름과 적시는 이슬 아래 생명의 복을 받음(1)

The Blessing of Life under the Anointing Oil and the Watering Dew on the Ground of Oneness (1)

하나라는 진정한 터
The Genuine Ground of Oneness

제6장

하나라는 터 위에서 바르는 기름과 적시는 이슬 아래 생명의 복을 받음(1)

성경: 시 133:1-3, 요 17:21-23, 엡 3:16-4:6, 요일 2:27, 벧전 3:7

'하나'에 대한 진리는 위대하고도 심오한 것이다. 성경에 계시된 참된 '하나'의 완전한 뜻은 우리의 이해를 훨씬 뛰어넘는다. 성경에 밝혀진 '하나'를 우리가 이해하기가 어렵기 때문에 주 예수님은 그분의 제자들에게 하신 말씀의 연속으로서, 요한복음 17장에서 '하나'에 대해 말씀하시기보다는 그것에 대해 기도하셨다. 나는 주 예수님께서 제자들이 '하나'의 문제를 이해하지 못하리라 생각하셨다고 믿는다. 그렇기 때문에 그분은 그것에 대해 기도하신 것이다.

요한복음 17장은 깊고도 심오하며 비밀스러운 말씀이다. 이 장이야말로 성경이 하나님의 감동으로 쓰였음을 보여 주는 분명한 증거이다. 어떤 사람도 요한복음 17장과 같은 글을 쓸 수 없을 것이다.

지난 오십 년 동안 나는 거듭해서 이 장을 상고해 왔다. 하지만 나는 이 장에서 발견된 진리의 일부분만을 만졌음을 인정할 수밖에 없다.

아버지와 아들이 하나이신 것같이 하나 됨

요한복음 17장 21절부터 23절까지는 이 장의 심오함을 잘 드러낸다. 21절에서 주님은 "그들이 모두 하나 되도록 하여 주십시오. 아버지, 아버지께서 내 안에 계시고 내가 아버지 안에 있는 것같이, 그들도 우리 안에 있도록 하여 주십시오."라고 기도하셨다. 이 절에서 말한 '하나'란 무엇인가? 아버지께서 아들 안에 계시고 아들이 아버지 안에 계신 것같이 우리가 '하나' 된다는 것은 무슨 뜻인가? 참으로 이 하나는 우리의 이해를 뛰어넘는 것이다. 22절에서 주님은 계속해서 이렇게 말씀하셨다. "아버지께서 나에게 주신 영광을 내가 그들에게 준 것은 우리가 하나인 것같이 그들도 하나가 되도록 하려는 것입니다." 아버지께서 아들에게 주신 영광은 무엇이며, 아들이 우리에게 주신 영광은 무엇인가? 더 나아가 아버지와 아들이 하나이신 것같이 우리가 하나가 된다는 것은 무엇을 뜻하는가? 어떤 사람은 이 하나는 바로 신성한 삼일성의 세 위격 사이에 논쟁이나 반론이나 이견이 없는 것이라고 생각할지 모른다. '하나'의 개념을 이렇게 본다면 '하나' 되는 것은 조화를 이루는 것이나 아무런 불일치가 없는 것을 의미한다. 22절을 이렇게 이해하는 사람들은, 많은 수의 믿는 이들이 다툼이나 이견이 없이 함께 모이는 것이 바로 아버지와 아들이 하나이신 것같이 하나가 되는 것이라고 말할 것이다.

'하나'에 대한 이러한 이해는 너무 피상적이다. 분명 여기에서의 '하나'는 개별적인 개체들이 조화를 이루고 합의하여 함께 모이는 문제만이 아니다. 여기에서 주님은 우리가 아버지와 아들 안에서 하나 될 수 있도록 아버지께서 그분에게 주신 영광을 우리에게 주셨다고 말씀하신다. 이것은 신성한 본성과 신성한 존재 안에 있는 '하나'를 가리킨다. 삼일 하나님의 셋은 그분들의 본성과 존재 안에서 하나이다.

그리스도 안의 믿는 이들의 하나도 본질적으로 이와 똑같아야 한다. 여기에서 '영광'이라는 말이 사용된 것은 이것을 실지적으로 입증한다. 우리는 주님께서 아버지에게서 받으신 바로 그 영광을 아들에게서 받았기 때문에 아버지와 아들이 하나이신 것같이 하나 될 수 있다. 이것은 단순히 개별적인 개체들이 모여 이루어지는 하나를 가리키는 것이 아니라 본성과 존재와 관련된 하나를 가리킨다. 그렇지 않다면 '영광'이라는 말이 이 절에 사용되지 못했을 것이다. 여기에서 영광은 바로 '하나'의 요인이다. 아버지와 아들이 하나이신 것같이 우리도 하나 될 수 있도록 영광이 우리에게 주어졌다. 이처럼, 신성한 존재의 영광은 그리스도를 믿는 사람들 가운데 있는 '하나'의 요인이다.

요한복음 17장 23절은 "내가 그들 안에 있고 아버지께서 내 안에 계신 것은 그들이 온전하게 되어 하나가 되도록 하려는 것이요"라고 말한다. 다시금 우리는 이것이 다만 더해서 이루어지는 하나가 아님을 보게 된다. 믿는 이들은 하나 되기 위하여 단지 함께 더해지는 것이 아니다. 23절은 '하나'에 관하여 21절이나 22절보다 훨씬 더 강하게 말한다. 왜냐하면 그 절은 우리가 온전하게 되어 하나가 되는 것을 말하기 때문이다. 이것은 우리가 하나일 수 있지만 우리의 하나가 초보 단계에 불과할 수도 있음을 암시한다. 왜냐하면 그 하나가 아직 성장하거나 온전함에 이르지 못했을 수 있기 때문이다.

우리는 이 절들에 대해 어떤 것들을 제시할 수는 있어도 이 절들을 충분히 이해할 수는 없다. 더욱이 이 절들을 거듭해서 읽은 후에도 각 절의 중점을 말해 내기가 어렵다. 이것은 주님께서 이 장에서 기도하신 '하나'가 심오한 것이며 우리의 이해를 넘어선 것임을 증명한다.

삼일 하나님과 믿는 이들의 연합

성경에는 '하나'의 문제를 다룬 위대한 네 장이 있다. 그 네 장은 신명기 12장과 시편 133편과 요한복음 17장과 에베소서 3장의 마지막 부분부터 4장까지이다. 에베소서 4장 1절부터 6절까지의 말씀을 3장 16절부터 21절까지의 말씀과 분리하는 것은 커다란 손실을 입힐 뿐 아니라, 이해하는 데 장애가 된다. 그러나 이 모든 절을 하나의 단위로 묶어서 함께 읽으면 매우 도움이 된다. 4장 1절부터 6절까지가 말하는 하나는 3장 16절부터 21절까지에서 다루어진 것과 긴밀히 관련된다. 4장 1절의 '그러므로'라는 말이 이 점을 나타낸다. 이것은 4장의 이 절들이 바로 앞에 있는 3장의 말씀의 결과라는 것을 보여 준다. 3장 16절부터 19절까지에서 바울은 이렇게 기도했다. "아버지께서 그분의 영광의 풍성을 따라 그분의 영을 통하여 능력으로 여러분을 속사람에 이르도록 강하게 해 주시고, 믿음을 통하여 그리스도께서 여러분의 마음에 거처를 정하시게 하시며, 여러분이 사랑 안에서 뿌리를 내리고 터를 잡아서 모든 성도들과 함께 그 너비와 길이와 높이와 깊이가 어떠한지를 깨달을 수 있는 충분한 역량과 지식을 초월하는 그리스도의 사랑을 알 수 있는 충분한 역량이 있게 하시어, 하나님의 모든 충만에 이르도록 여러분이 충만하게 되기를 바랍니다." 그 결과는 우리 안에서 운행하는 능력에 따라 하나님께 교회 안에서와 그리스도 예수님 안에서 영광이 있게 되는 것이다(20-21절). 이러한 모든 빛 가운데서 바울은 4장 1절에서 "그러므로 주님 안에 갇힌 사람인 내가 여러분에게 권합니다. 여러분은 부름을 받았으니 그 부름에 합당하게 행하십시오."라고 선포한다. 문맥에서 분명히 알 수 있듯이, 부름에 합당하게 행하는 것은 주로 그 영의 하나를 지키는 것이다. 바울은 계속해서 4절부터 6절까지에서 그 영의 하나가 바로 삼일 하나님이라는 것을 지적한다. 바울은 몸에 대하여 말하고, 한 영, 한 주님, 한 하나님과 아버지에 대하여 말한다. 몸이 삼일 하나님과 함께 언급된 사실은 하나가 실지적으로 삼일 하나님과 믿는 이들의 연합임을 가리킨다.

에베소서 3장에서 바울은 삼일 하나님의 셋을 언급한다. 바울은 아버지께서 그분의 영을 통하여 능력으로 성도들을 속사람에 이르도록 강하게 해 주시고, 믿음을 통하여 그리스도께서 그들의 마음에 거처를 정하시게 하시기를 기도한다. 여기에 아버지와 그 영과 그리스도(아들)가 있다. 그다음 4장에서 바울은 그 영과 주님과 아버지에 대해 말한다. 그는 그 영의 하나와 몸과 관련하여 삼일 하나님을 언급한다. 이것은 하나가 다만 더해지는 문제가 아니라 삼일 하나님과 믿는 이들의 연합임을 가리킨다. 하나는 과정을 거치신 하나님과 믿는 이들의 연합이다.

삼일 하나님에 대한 많은 언급들, 특히 에베소서에서의 언급들은 하나님께서 거치신 과정을 가리킨다. 신약에서 삼일 하나님, 곧 아버지와 아들과 영은 그리스도의 육체 되심, 인간 생활, 십자가에 못 박히심, 부활과 관련하여 분명히 계시되어 있다. 마태복음 28장 19절에서 주 예수님은 제자들에게 모든 민족을 그분의 제자로 삼아 아버지와 아들과 성령의 이름 안으로 침례를 주라고 명령하셨다. 그리스도의 부활 이전에는 사람들이 삼일 하나님의 이름 안으로 침례 받을 수 없었다. 하나님께서 그리스도의 육체 되심과 인간 생활과 십자가에 못 박히심과 부활을 통하여 과정을 거치신 후에야, 믿는 이들은 아버지와 아들과 영의 이름 안으로 침례 받을 수 있게 되었다. 과정을 거치신 하나님의 이 이름 안으로 침례 받는 것, 곧 그 이름 안에 잠기는 것은 과정을 거치신 하나님께 참여하는 것이다. 더욱이 서신서들에서 우리는 과정을 거치신 삼일 하나님이 우리의 참여와 누림을 위한 분이심을 본다. 그러므로 결국 삼일 하나님은 우리와 연합되신다. 이 연합이 곧 하나이다.

단지 더해져서 이루어지는 하나는 매우 피상적인 것이다. 성경에 계시된 하나는 과정을 거치신 삼일 하나님과 그분께서 선택하신 백성의 연합이다. 이것을 본다면 우리는 요한복음 17장에서 하나에 대해 주님이 하신 기도를 더 쉽게 이해할 수 있을 것이다. 요한복음 17장에 있는 하나는 신성과 인성의 연합이다. 그러나 우리가 말하는 신성은 다만 그 자체로서의 신성을 의미하는 것이 아니라 육체 되심과 인간 생활과 십자가에 못 박히심과 부활의 과정을 거치신 후의 신성을 의미한다. 그러한 과정을 거치신 후에 삼일 하나님은 우리의 몫과 누림이 되신다. 생명 주시는 영으로서 그분은 그리스도를 믿는 이들을 그분 자신과 연합시키신다.

'하나'에 대한 이러한 개념을 염두에 두고 요한복음 17장 21절로 되돌아가 보자. 우리는 여기에서 주님께서 "그들이 모두 하나 되도록 하여 주십시오. 아버지, 아버지께서 내 안에 계시고 내가 아버지 안에 있는 것같이, 그들도 우리 안에 있도록 하여 주십시오."라고 기도하셨음을 보았다. 여기에서 주님은 그분이 아버지 안에 계시고 아버지께서 그분 안에 계신다고 말씀하신다. 이것은 의심할 바 없이 아버지와 아들이 연합되었음을 가리킨다. 이 연합이 바로 아버지와 아들 사이의 '하나'이다. 아버지와 아들 사이의 하나는 아버지께서 아들 안에 계시고 아들이 아버지 안에 계시는 것이다. 주님은 우리도 동일하게 하나 되도록, 심지어 '우리 안에서' 곧 삼일 하나님 안에서 하나 되도록 기도하셨다.

신성한 영광 안에 있는 하나

요한복음 17장 22절에서 주님은 아버지께서 자신에게 주신 영광을 그분의 믿는 이들에게 주신 목적은 '우리가 하나인 것같이 그들도 하나가 되도록 하려는 것'이라고 말씀하셨다. 영광은 하나님의 표현이다. 이 표현은 아들에게 주어졌다. 아버지는 아들이 신성한 생명 안에서 아버지를 표현하시도록 그 영광을 아들에게 주셨다. 이제 아들은 이 영광을 우리에게 주셨는데, 그것은 아버지와 아들이 하나이신 것같이 우리도 하나가 되도록 하기 위해서이다. 이 하나는 곧 하나님의 단체적인 표현을 위한 신성한 영광 안에 있는 하나이다.

온전하게 되어 하나가 됨

23절에서 주님은 계속해서, "내가 그들 안에 있고 아버지께서 내 안에 계신 것은 그들이 온전하게 되어 하나가 되도록 하려는 것이요"라고 말씀하셨다. 여기에서 우리는 과정을 거치신 하나님과 믿는 이들의 연합을 본다. '나'와 '그들'과 '아버지'는 각각 그리스도와 믿는 이들과 아버지를 가리킨다. 아들은 믿는 이들 안에 계시고, 아버지는 아들 안에 계신다. 이것이 삼일 하나님과 믿는 이들의 연합이다. 이러한 연합의 결과로 우리는 온전하게 되어 하나가 될 수 있다.

아마 여러분은 온전하게 되어 하나가 된다는 것이 무엇을 의미하는지 궁금할 것이다. 그리스도를 믿은 그날 우리는 이 하나 안으로 들어왔다. 그렇지만 우리에게는 아직도 타고난 사람과 타고난 조성과 타고난 기질 등의 문제들이 있다. 그러나 우리가 생명 주시는 영이신 그리스도를 체험할수록 이러한 타고난 요소들은 점점 감소

되어 간다. 삼일 하나님을 체험함으로써 그 모든 것이 감소될 때 우리는 온전하게 되어 하나가 된다.

우리는 성경에 계시된 하나가 믿는 이들이 한데 더해져 조화로운 한 단위를 이루는 문제가 아니라는 사실에 인상을 받아야 한다. '하나'에 대한 그러한 관념은 천연적이고 피상적이다. 거듭 말하지만 하나는 과정을 거치신 삼일 하나님과 믿는 이들의 연합이다. 요한복음 17장과 에베소서 4장에서 밝혀진 이 하나를 보았으므로 이제 시편 133편을 살펴보기로 하자.

하나의 두 방면

이 시편은 너무나 심오하기 때문에 이에 대해 말하기가 어렵다. 133편 1절은 "보라, 형제들이 연합하여 거하는 것이 / 얼마나 좋고 얼마나 즐거운가!"라고 말한다. 형제들이 연합하여 거하는 것을 설명하는 데 시편 작가가 두 형용사를 사용하고 있음을 주의하라. 그는 이것이 좋고 즐겁다고 말한다. 두 형용사가 사용된 까닭은 하나 안에 거하는 것이, 이어지는 말씀들에서 다음의 두 가지에 비유되기 때문이다. 곧 아론의 머리 위에 부어진 보배로운 관유와 시온의 산들에 내린 헤르몬의 이슬이다. 이 두 형용사는 '하나'의 두 방면을 가리킨다. 이 '하나'는 좋고 즐거운 것이다. 그것은 보배로운 관유같이 좋고, 내리는 이슬처럼 즐거운 것이다.

이 두 방면 중 첫 번째 것인 아론은 인격이고, 두 번째 것인 시온은 장소이다. 여러분은 교회에 이 두 방면이 있음을 본 적이 있는가?

한 면으로 교회는 인격이며 다른 한 면으로 교회는 장소이다. 인격으로서의 교회는 몸과 함께 머리를 포함한다. 장소로서의 교회는 하나님의 거처이다. 성경의 다른 곳에서 우리는 교회가 신부이며 새사람이며 전투원이라는 것을 본다. 이 항목들은 인격인 교회의 방면들이다. 실제로 교회에는 두 가지 주요 방면이 있는데, 곧 인격의 방면과 거처의 방면이다. 관유와 이슬은 교회의 이 두 방면과 관련된다.

퍼져 나가는 관유와 내리는 이슬

〈흠정역〉은 시편 133편 2절에서 관유라는 용어를 사용하지만, 대부분의 다른 번역본들은 그 히브리어를 '기름(oil)'으로 번역한다. 이 기름은 출애굽기 30장에 묘사된 바르는 기름을 가리킨다. 이 바르는 기름은 올리브기름에 네 가지 향료를 섞어 만든 복합된 관유이다. 아론과 그의 아들들과 성막과 그 성막에 관련된 모든 것들에 이 관유가 발라졌다. 시편 133편에 의하면 이 관유, 곧 복합된 바르는 기름은 한 인격인 아론 위에 있었다. 이와 대조적으로, 신선하게 하고 물을 주고 흠뻑 적시는 이슬은 장소 곧 시온의 산들에 내렸음을 우리는 지적한 바 있다.

바르는 기름이나 흠뻑 적시는 이슬은 빨리 움직이지 않는다. 이슬은 비처럼 쏟아지지 않고 천천히 내린다. 이와 마찬가지로 관유도 실제로 아론의 수염으로 빨리 내려오는 것이 아니라 그의 수염으로 퍼져 나가고 그런 후 그의 옷단까지 흘러내렸다. '흘러서'(시 133:2)에 대한 히브리어 단어의 어근은 지면에 씨를 흩어 뿌리듯이 '흩뿌

리다'라는 뜻이 있다. 그것은 마치 침대 위에 이불을 펴듯이 '펼치는 것'을 의미한다. 따라서 아론의 머리 위에 부어진 관유는 그의 수염에 퍼져 나갔다. 그 관유는 수염 위에서 빨리 흘러내리지 않았다. 서서히 그리고 완만하게 관유는 퍼져 나갔다.

똑같은 원칙으로 이슬도 시온의 산들에 내렸다. 우리의 찬송가에는 "축복의 소나기"라는 찬송이 있다.* 그러한 영적인 소나기는 본질적으로 다소 오순절적인 특성을 지닌다. 나는 축복의 소나기보다는 퍼져 나가는 관유와 흘러내리는 이슬을 더 귀하게 여긴다. 소나기는 하나와 관계없다. 참된 하나는 퍼져 나가는 관유와 흘러내리는 이슬로 이루어진다.

과정을 거치신 삼일 하나님으로 기름 발라짐

우리가 강조하여 지적한 바와 같이, 참된 하나는 과정을 거치신 하나님과 믿는 이들의 연합이다. 이것은 신약성경에 계시되어 있지만 이 하나를 실행하는 길은 신약성경에서 볼 수 없다. 이러한 연합을 실행하는 길은 시편 133편에 있다. 2절에 있는 관유는 오늘날 모든 것을 포함하신 복합되신 영이신, 과정을 거치신 삼일 하나님의 예표이다. 출애굽기 30장에 의하면 관유는 복합된 것으로서 올리브 기름 한 힌에 네 가지 향료를 섞어 만든 것이다. 이 복합물은 우리

* 영어 찬송가 260장, 한국어 찬송가에는 미수록—역자 주

의 누림을 위한, 과정을 거치신 하나님 곧 모든 것을 포함하신 영을 예표한다. 이 복합되신 영 안에 신성뿐만 아니라 그리스도의 인성과 그분의 죽음의 효능과 그분의 부활의 능력이 있다. 달리 말해서 복합되신 영은 신성한 속성과 인간 미덕과 그리스도의 죽음의 효능과 그리스도의 부활의 능력을 지니신, 과정을 거치신 하나님이시다. 교회생활에서 이 복합되신 영은 계속해서 우리에게 기름을 바르신다.

관유는 페인트에 비유될 수 있으며 기름바름은 페인트칠하는 것에 비유될 수 있다. 의자에 페인트칠을 할 때, 페인트를 한 겹 칠한 후에 다시 그 위에 페인트를 덧칠한다. 복합되신 영께서 우리에게 기름을 바르실 때, 그것은 우리에게 '페인트'를 칠하시는 것이며 그 '페인트'는 바로 삼일 하나님이다. 이 '페인트' 안에서 우리는 그리스도의 인성과 그리스도의 죽음의 효능과 그리스도의 부활의 능력을 갖는다. 또한 그리스도의 신성과 인간 생활도 갖는다. 관유의 이 모든 성분이 우리에게 적용될 때, 우리는 과정을 거치신 삼일 하나님과 복합된 관유 안에 있는 모든 성분으로 페인트칠해진다. 합당한 교회생활은 과정을 거치신 삼일 하나님과 믿는 이들의 연합인 '하나' 안에 있는 생활이다. 우리가 이 하나 안에 머무를 때 그 관유로 페인트칠해진다. 이렇게 더 페인트칠해질수록 우리의 타고난 조성과 성질과 기질은 점점 제거된다. 남는 것은 과정을 거치신 삼일 하나님과 우리의 높여진 인성의 연합이다. 이것이 곧 하나이다.

이러한 하나 안에서는 분열은 물론 의견을 달리하는 생각조차 할 수 없게 된다. 이 하나 안에는 우리의 의견을 위한 여지가 없다.

우리는 우리를 하나 안으로 이끄는 신성한 '페인트칠'을 더 많이 체험해야 하지만, 교회생활 안에서 최소한 어느 정도의 체험을 가지고 있다. 최소한 어느 정도는 우리 모두가 이 하나 안으로 들어왔다.

우리는 교파나 독립 단체들 안에 있었을 때에 쉽게 의견을 갖거나 비판했다. 그러나 교회 안에서는 의견을 달리하는 요소와 분열시키는 요인들이 정복되었다. 이것이 '하나'의 효과이다. 과정을 거치신 삼일 하나님의 '페인트'가 우리의 존재에 더 적용될수록 우리는 분열되기가 더욱 어려워진다. 하늘에 속한 '페인트'를 적용함으로 우리는 천연적인 관념에 따른 피상적인 하나가 아니라 참된 하나 안으로 인도된다. 우리는 우리의 존재 안으로 '페인트칠해지신' 과정을 거치신 삼일 하나님이라는 그 하나 안에 있다.

우리가 지적한 바와 같이 이 관유, 곧 신성한 '페인트'는 빠르게 흘러내리지 않고 서서히 퍼져 나간다. 나는 물처럼 벽을 빨리 흘러내리는 페인트가 아니라 끈끈한 페인트로 나의 집이 칠해지기를 원한다. 이와 같이 관유가 우리에게 발라질 때 그것은 우리의 내적 존재에 달라붙기 때문에 빨리 흘러내리지 않는다. 관유가 빨리 흘러내리는 것은 오순절적인 체험이나 혹은 은사주의 운동에서의 체험과 같다. 그러한 종류의 체험들은 빨리 지나간다. 그러나 교회생활 안에서 영적인 축복은 우리에게 점진적으로, 천천히, 완만하게 온다. 그것은 일단 오게 되면 계속 남아 있는 축복이다. 페인트가 일단 우리에게 발라지면 그것은 발라진 자리에 머문다. 우리가 바르는 기름으로 칠해진 후에는 그 칠해진 것이 영원히 남는다. 그 무엇도 그것을 제거할 수 없다.

기름바름은 우리의 감정 안에서 그리 많은 느낌을 불러일으키지 않는다. 반면에 빨리 와서 빨리 지나가는 체험들은 우리의 감정을 뒤흔들어 놓는다. 그러나 이것은 교회생활 안에서의 정상적인 체험이 아니다. 교회생활 안에서 우리는 모든 것을 포함한 관유가 점차적으로 퍼져 나가는 것을 체험한다. 예를 들면, 교회의 기도 집회에서 우리는 별로 느끼지 못하는 사이에 한 겹 두 겹 페인트칠을 받는다. 우리가 지적했듯이 이 관유는 많은 성분을 지니고 있다. 주님의 회복으로 인해 얼마나 감사한지. 매일 교회생활 안에서 신성한 관유의 모든 성분이 우리 안으로 일해 넣어지고 있다. 우리의 내적 존재에 이 성분들을 적용함으로 말미암아 우리는 저절로 하나 안에 있게 된다. 우리는 분열되거나 심지어 의견을 달리하는 것까지도 매우 어렵다는 것을 발견한다. 교회 안에서의 하나는 얼마나 좋고 아름답고 즐거운지! 우리의 내적 존재를 거슬러 강한 결심을 하지 않는 한 우리는 분열적이 될 수 없다. 우리는 하늘에 속한 '페인트'의 모든 성분으로 '페인트칠'해졌기 때문에 저절로 하나이다.

과정을 거치신 삼일 하나님께서 우리의 존재에 적용되심

하나라는 터는 다만 과정을 거치신 삼일 하나님께서 우리에게 적용되신 것이다. 오늘날 우리는 바로 이러한 하나 안에 있다. 우리는 그리스도를 믿는 사람들이 함께 모임으로써 형성된 하나 안에 있지 않다. 그러한 종류의 하나 안에서는 더하기도 쉽고 빼기도 쉽다.

그러나 일단 우리가 과정을 거치신 삼일 하나님께서 우리의 존재에 적용되심으로써 이루어진 하나 안으로 들어왔다면 빠져나가기가 극히 어렵다. 이 '하나'는 오늘날의 기독교 안에 있는 하나와는 전혀 다르다. 기독교의 하나는 더하기도 하고 빼기도 한다. 그러나 주님의 회복 안에 있는 교회들의 하나는 삼일 하나님을 우리의 내적 존재에 적용시킨 것이다.

몸과 함께하는 머리를 위한 것임

관유는 개인을 위한 것이 아니라 몸을 위한 것이다. 몸으로부터 분리되거나 떨어져 나간 사람들은 관유를 체험할 수 없다. 시편 133편에 있는 그림에 의하면, 이 관유는 머리 위에 있다. 그다음 그것은 수염을 타고 흘러서 옷단까지 흘러내린다. 이것은 우리가 개인주의적이라면 관유를 체험할 수 없음을 가리킨다. 어떤 사람들은 자신들이 집에서도 홀로 주님을 접촉할 수 있다며 항의할지 모른다. 물론 그럴 수 있다. 그러나 아주 중요한 문제는 우리가 교회와 하나인가 아닌가이다. 만일 우리가 교회와 하나라면 집에서도 홀로 주님을 합당하게 접촉할 수 있을 것이다. 그러나 만일 우리가 교회와 분리되어 있다면 주님과의 접촉은 완전히 달라질 것이다. 그 이유는 바르는 기름이 개인주의적인 지체들을 위한 것이 아니라 머리와 몸을 위한 것이며, 심지어 몸과 함께하는 머리를 위한 것이기 때문이다. 그러므로 관유로 페인트칠해지려면 우리는 반드시 교회 안에 있어야 한다. 그럴 때 우리는 바르는 기름과 그 모든 성분이 적용되는 것을 저절로 누리게 된다. 이 관유를 적용함으로써 산출된 하나는 얼마나 놀라운 것인지!

은혜 — 우리의 누림을 위해 우리의 생명 공급이 되시는 삼일 하나님

시편 133편 3절에 의하면, '하나'는 또한 시온의 산들에 흘러내리는 이슬과 같다. 바르는 기름은 인격인 아론 위에 있지만 이슬은 장소인 시온에 있다. 이슬은 생명의 은혜를 상징한다(벧전 3:7). 생명의 은혜는 생명의 공급이다. 교회생활 가운데 우리는 기름바름 아래 있을 뿐 아니라 생명의 공급 곧 생명의 은혜를 받는다. 우리는 기름 발라질 때 또한 은혜를 받는다.

'형제의 집'에 함께 사는 두 형제가 잘 지내는 데에 어려움을 겪고 있다고 하자. 그런데 그들은 교회생활을 하고 있으므로 은혜를 받고 생명의 공급을 받는다. 자연히 그들은 서로를 짊어질 뿐 아니라 진실로 서로 사랑하게 될 것이다. 이것이 은혜인 이슬에 대한 체험이다.

사도 바울은 주님의 은혜를 풍성히 체험했다. 그는 자신을 괴롭히는 '가시'를 없애 달라고 세 번씩이나 기도했다. 주님은 그분의 은혜가 바울에게 충분하다고 대답하셨다. 이 말씀을 통해 주님은 바울의 가시를 없애기보다 바울에게 그분의 넘치는 은혜를 공급하기를 원하신다는 것을 나타내셨다.

고린도후서 13장 14절에서 바울은 "주 예수 그리스도의 은혜와 하나님의 사랑과 성령의 교통이 여러분 모두와 함께하기를 바랍니다."라는 말로 교회를 축복한다. 이 절은 은혜가 우리의 생명 공급이 되시도록 과정을 거치신 삼일 하나님이라는 것을 가리킨다. 관유는 우리의 존재 안으로 '페인트칠'해지신, 과정을 거치신 삼일 하나님을 상징하고, 이슬은 우리의 누림을 위하여 우리의 생명 공급이 되시는 삼일 하나님을 상징한다. 그러므로 교회생활 가운데 우리는 매일 기름이 발라지고 은혜를 받는다. 우리는 과정을 거치신 하나님으로 페인트칠해지며, 우리의 생명 공급이 되시는 과정을 거치신 동일한 그 하나님으로 말미암아 은혜를 받는다. 이 기름바름과 공급이 우리가 하나 안에 사는 것을 가능하게 한다. 시편 133편의 말씀에서 이 하나는 바르는 기름과 적시는 이슬과 같다. 바르는 기름과 적시는 이슬 아래서 우리는 하나라는 터 위에 있는 생명의 복을 체험한다.

7

하나라는 터 위에서 바르는 기름과 적시는 이슬 아래 생명의 복을 받음(2)

The Blessing of Life under the Anointing Oil and the Watering Dew on the Ground of Oneness (2)